Heidi Velten · Bruno Walter

HARMONISCHE BABYMASSAGE

Ravensburger Buchverlag

Die Deutsche Bibliothek – CIP-Einheitsaufnahme

Velten, Heidi: Harmonische Babymassage /
Heidi Velten; Bruno Walter.–
Ravensburg: Ravensburger Buchverl., 1997
(Ravensburger Ratgeber Familie)
ISBN 3-473-42677-6
NE: Walter, Bruno

Die Schreibweise entspricht den Regeln
der neuen Rechtschreibung.

Umschlagfotos und Fotos: Heidi Velten
Umschlaggestaltung: Ekkehard Drechsel BDG
Layout und Icons: Annette Sieblitz
Satz: Quark XPress 3.31
Gesamtherstellung: Appl, Wemding
Printed in Germany

99 98 97 3 2 1

ISBN 3-473-42677-6

INHALT

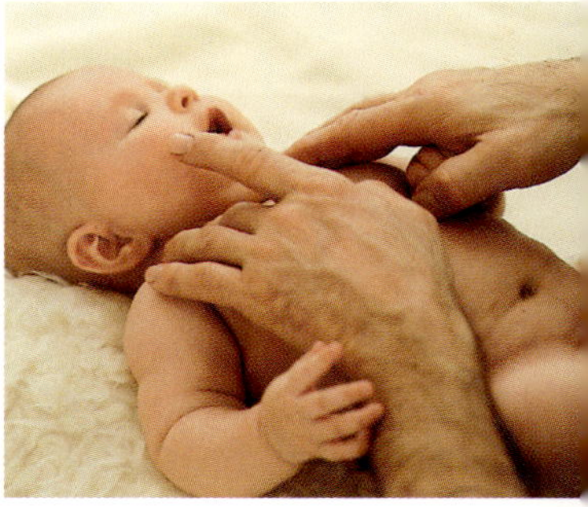

VORWORT

Unsere Haut ist das Organ, das zwischen Außen- und Innenwelt vermittelt. Bruno Walter regt mit seiner Massageanleitung für Babys dazu an, über taktile Reize zu unseren Kindern in Beziehung zu treten und dabei besser wahrzunehmen, was wir selbst nötig haben: Spannung und Entspannung, Wärme und Kälte, Geborgenheit und Abstand. Sehnsucht nach Nähe und Distanz werden über behutsame Massage gleichermaßen auf unsere Kinder übertragen und spiegeln dabei unser eigenes Empfinden wider.

Auch über den Einsatz von Düften teilen wir uns auf subtile Weise mit, wie es um uns steht und in welcher Beziehung wir zu unserem Kind stehen. Vielleicht darf und muss sie um die eine oder andere Note erweitert werden.

Ich habe Bruno Walter im Jahre 1991 bei einem Hebammenkurs erlebt und ihn in seiner Wahrnehmung und Zuwendung zu Neugeborenen erfahren und schätzen gelernt. Er eröffnet in diesem Buch einen Weg, der zurückführt bis in die alte Tradition Indiens.

Ich wünsche, dass dieses Buch vielen Müttern und Vätern Anregung gibt, über so verschiedene Formen der Babymassage mit ihren Kindern in enge körperliche und geistige Verbindung zu kommen und sich selbst dabei zu erfahren. Denn nicht nur Kleinkinder – wir alle haben Zuwendung und Berührung nötig.

Dr. Christel Hellstern

ZÄRTLICHE ZUWENDUNG FÜR IHR BABY

Zuwendung hilft dem Baby,
ein gesundes Körpergefühl zu entwickeln,
und festigt die Beziehung zwischen
Eltern und Kind auf wunderbare Weise.

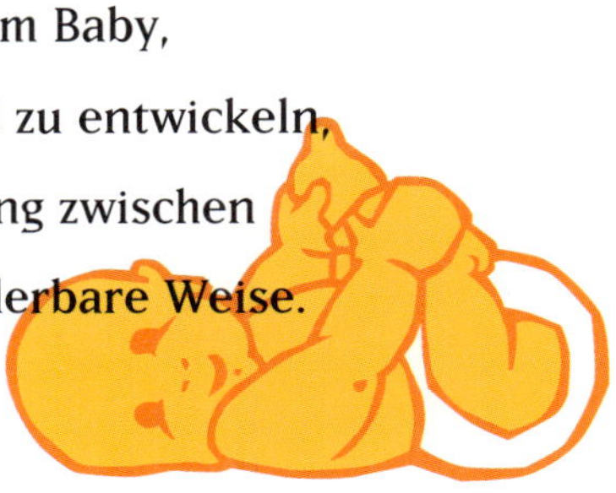

WARUM BABYMASSAGE?

Viele stutzen zunächst einmal und fragen nach der Notwendigkeit, ein Baby zu massieren. In den Köpfen der Allgemeinheit wird die Massage immer noch zur Behebung von körperlichen Beschwerden eingesetzt. Erst an zweiter Stelle gewinnt der Aspekt der Berührung Beachtung.

Babymassage ist keine direkte Massagetherapie

Sie ist auch ein Wechselspiel, ein Geben und Nehmen von zärtlichen Gefühlen. Auf spielerische Art und Weise vertieft sie die Verbindung zwischen Eltern und Kind und ist für beide Seiten eine Bereicherung und Erfüllung. So fördert sie auf ganz natürliche Weise die Gesundheit.

Körperkontakt und Berührung, liebevolle, bewusste Berührung, sind die wichtigsten Grundbausteine und Voraussetzungen für ein rundum gesundes Aufwachsen auf dem Weg hin zu einem glücklichen, ausgeglichenen Menschen. Stress, Spannungen und psychische Probleme bei Erwachsenen haben nicht selten ihren Ursprung in einer glücklosen Kindheit mit wenig emotionaler und körperlicher Zuwendung.

Die Botschaft der Hände und des Herzens versteht jedes Baby instinktiv. Unterschätzen Sie nicht die Wahrnehmungsfähigkeit seiner Sinne. Die kleinen, unberührten Wesen entwickeln ein erstaunlich genaues Gespür dafür, welche Berührungen zärtlich, liebevoll und »bewusst« geschehen und welche oberflächlich und mechanisch sind oder wenn Mutter und Vater mit den Gedanken woanders sind. Voraussetzung für eine wirksame Massage ist das sich vollkommene Einlassen des Massierenden auf das Gefühl der Berührung, denn dann ist die Massage auch eine Möglichkeit zur Kommunikation zwischen Eltern und Kind.

DIE BEDEUTUNG DER BERÜHRUNG IN DER FRÜHKINDLICHEN ENTWICKLUNG

Die Erfahrung der Berührung in der Säuglingszeit bildet mit eine wesentliche Grundlage für Vertrauen und Selbstbewusstsein – im wahrsten Sinne des Wortes – und für die Fähigkeit, sich in sich selbst und in der Welt aufgehoben zu fühlen.

Gesundheit und bewusstes Leben sind typische Schlagworte unserer durch und durch körperbetonten Gesellschaft. Fast jeder meint heute zu wissen, wie wichtig Vitalität und geistige und körperliche Entspannung für das Wohlergehen von Körper, Geist und Psyche sind. Was den meisten aber nicht bewusst ist: Die Wiege dazu liegt in der Zeit der frühkindlichen Entwicklung. Schon in den ersten Lebenswochen und -monaten entscheidet sich mit, ob in dem kleinen Wesen der Grundstein einer gesunden Entwicklung gelegt wird, auf dem sich in den folgenden Jahren aufbauen lässt.

Das Empfindungsvermögen der Haut ist neben dem Gehörsinn eine der zuerst entwickelten Fähigkeiten des Körpers und zu diesem Zeitpunkt, wie das Ohr, außerordentlich empfänglich. Die Haut ist eines der primären Sinnesorgane des Babys, und deshalb hat es die Natur so eingerichtet, dass das Kontaktbedürfnis der Kleinen genauso stark ausgebildet ist wie das Bedürfnis zu hören, essen und zu trinken. Auch wenn sie ausgeschlafen, satt und zufrieden

sind: Ohne Hautkontakt, Berührungen und Klang der Stimme der Mutter oder des Vaters fühlen sie sich irgendwie leidend.

Immer wieder haben die unterschiedlichsten Untersuchungen gezeigt, dass Babys, die nicht regelmäßig berührt, liebkost und intensiv taktilen Reizen und anderen positiven Sinnesreizen (wie hören, riechen usw.) ausgesetzt werden, psychisch und physisch Mangelerscheinungen zeigen. Mittlerweile ist es wissenschaftlich erwiesen, dass der Hautkontakt und verbale Kontakt zwischen Eltern und Kindern maßgeblich für die gesamte Entwicklung ist. Unterentwickeltes Körperbewusstsein, Stressanfälligkeit, Süchte und die dahinter verborgenen Sehnsüchte, aber auch Haltungsschäden, die sich äußerlich und innerlich bemerkbar machen, generell ein fremdes Gefühl für den eigenen Körper und den Mitmenschen, stehen wahrscheinlich in engem Zusammenhang mit zu sparsamem Körperkontakt und verbaler Zuwendung nach der Geburt und im Säuglingsalter.

Immer wieder übermäßig weinende Babys spannen ganz automatisch ihre Muskeln an und verkrampfen sich immer mehr, wenn sie nicht aufgenommen oder getröstet werden. Ein Teufelskreis entsteht. Natürlich liegt da die Vermutung nahe, dass diese ungetrösteten Kinder später eher zu Haltungs-

schäden und Steifheit neigen als Kinder, die getröstet, gestreichelt und liebkost werden.

Was kann man also Besseres tun, als schon die Startbedingungen der wachsenden Muskeln, Gelenke und auch des wachsenden Innenlebens durch liebevolle, bewusste Berührung und Zuwendung zu unterstützen?

Forschungsergebnisse

Seit Jahren schon stützen verschiedene Forschungsergebnisse immer mehr die These, dass der Körperkontakt gerade in den allerersten Lebensmonaten von großer Bedeutung ist. Das Empfinden liebevoller Berührung, Streicheln, Liebkosen und Schmusen, ist für das Kind eine notwendige Basis, später einmal auch selbst zärtlich zu anderen sein zu können und Liebe weiterzugeben. All diese taktilen Erfahrungen geben dem kleinen, noch hilflosen Menschenwesen das Gefühl von Sicherheit und Geborgenheit. Der mütterliche Geruch, die Stimme und die bekannte Mimik und Gestik runden das gesamte Wohlgefühl noch weiter ab.

Welche wichtige Rolle taktile Erfahrungen für das gesunde Wachstum und die Entwicklung des Organismus spielen, hat sich durch zahlreiche Untersuchungen bei Tieren immer mehr herauskristallisiert. In einer Reihe von Experimenten mit Säugetieren wurde eindeutig festgestellt, dass diejenigen Tiere, die neben der normalen Fütterung zusätzlich noch gestreichelt wurden, weitaus schneller wuchsen und schneller lernten als die Säugetiere, die nicht mit Streicheleinheiten verwöhnt wurden. Der gesamte Knochen- und Körperbau war bei den gestreichelten Tieren kräftiger. Auffallend war auch ihre deutlich bessere Nervenstärke im Umgang mit Stresssituationen. Diese Untersuchungen zeigten ganz deutlich, wie wichtig liebevolle Berührungen von klein auf sind. Je früher man mit der richtigen taktilen Stimulierung beginnt, desto wirksamer ist sie.

Bekannt ist, dass die Entwicklung von Kleinkindern in Waisenhäusern erheblich verlangsamt ist. Sie können längst nicht so viel körperliche Zuwendung genießen wie Kinder, die in Familien aufwachsen und rund um die Uhr behütet werden.

VORTEILE DER BABYMASSAGE

Körperkontakt und liebevolle Zuwendung sind für Neugeborene genauso wichtig wie die Nahrungsaufnahme.

*»Unter den Säugetieren gibt es Neugeborene, für die es lebensnotwendig ist, nach der Geburt geleckt zu werden. Wenn die Mutter das instinktiv nicht tut, können sie nicht überleben.«**

Bis zum zweiten Lebensjahr, also innerhalb von nur 24 Monaten, lernen und vervollständigen Kinder alle motorischen Körperfunktionen, die lebensnotwendig sind. Sie lernen greifen, zeigen, robben, krabbeln, stehen und laufen – eine riesige Herausforderung für den kleinen Körper. Nie wieder im Leben wird er in so kurzer Zeit so viele und so wesentliche Funktionen lernen, wiederholen und üben.

Die Natur hat es aber auch so eingerichtet, dass der Mensch zu Beginn seines Lebens ganz besonders anpassungsfähig, lernbereit und wissbegierig ist. Wer das weiß, kann diese wichtige Zeit im Sinne seines Sprösslings optimal nutzen und so schon früh die Anlagen zu einer Persönlichkeitsreifung und zu einem guten Sozialverhalten legen. Es ist aber auch zu betonen, dass ein Zuviel, also eine Überforderung durch Reize, genauso ungünstig ist wie zu wenig Reize.

Babymassage fördert eindeutig die Ruhe und Entspannung der Babys und der Eltern. Sie hält die Muskulatur weich und elastisch, regt die Durchblutung an und fördert das Gefühl körperlicher Geborgenheit. Gerade Eltern, die den Schlafrhythmus ihres Kindes verbessern wollen, können durch regelmäßige Massage das Kind in seiner Grundstimmung erheblich beruhigen. Ebenso werden die quälenden Dreimonatskoliken günstig beeinflusst und gelindert.

Natürlich streicheln alle Eltern ihr Baby instinktiv, und das ist eine wunderbare Einrichtung der Natur. Die Babymassage allerdings, als bewusste, liebevolle Behandlung verstanden, ist das entscheidende Mehr, mit dem Väter und Mütter so richtig »Fühlung« zu ihrem Kind aufnehmen können.

Sie ergänzt auf wunderbare Weise die sprachliche Kommunikation und hilft den Eltern, sich ganz bewusst auf das kleine Wesen einzulassen, das sich wiederum aufgehoben, behütet und geliebt fühlt.

PRAKTISCHE VORBEREITUNGEN UND DAS ANGENEHME DRUMHERUM

Jede Mutter und jeder Vater kann die Babymassage ohne große Anstrengung erlernen. Das Wichtigste hat jedermann eigentlich »im Handgepäck«: Zeit und ein wenig Fingerspitzengefühl. Auch wenn Ihnen das Kind noch so zerbrechlich vorkommt: Sie brauchen keine Angst zu haben, es durch die Massage zu

** Die kursiv gesetzten Texte in Anführung sind Zitate von Bruno Walter (siehe Foto).*

kräftig anzufassen. Das Kind braucht neben gefühlsmäßigem Halt auch körperlichen. Zu vorsichtige Berührungen bei der Massage bewirken dann oft ein Gefühl von Unsicherheit. Mit etwas Instinkt haben Sie bald den Dreh heraus, wie fest Sie Ihren Schützling massieren können, sodass er diesen Körperkontakt immer wieder als Genuss empfindet.

Wählen Sie am besten eine Tageszeit dafür aus, in der Sie selbst innerlich gelassen, ohne Termindruck oder innere Unruhe, einfach mit dem Baby verweilen können. Unglaublich aber wahr: Jede Art von Nervosität überträgt sich sofort auf das Kind, und es wird selbst unaufmerksam und irritiert reagieren.

Um die Atmosphäre wohlig vorzubereiten, sollten Sie für die Massage ein kuscheliges, warmes Plätzchen auswählen, an dem es nicht zu hell ist. Weiches, warmes Licht und eine angenehme Raumwärme fördern die Entspannung bei Ihnen selbst und dem Baby. Vorsicht aber vor überheizten Räumen!

Stellen Sie eine Schale mit Massageöl neben sich, damit es immer griffbereit ist und Sie die Massage nicht unterbrechen müssen. Am Anfang sollten Sie nicht länger als 10 bis 15 Minuten massieren. 10 Minuten Babymassage entsprechen einer Stunde körperlicher Schwerarbeit beim Erwachsenen. Im

Diese Öle sind für Babys besonders verträglich

Die hier angeführten Öle sind nur eine kleine Auslese. Wirkung und Duft dieser Öle können Sie selbst durch die Zugabe von ätherischen Ölen vertiefen und verfeinern.

Süßes Mandelöl *Pflegt und nährt die Haut und ist für jedes Alter und jeden Hauttyp geeignet.*

Jojobaöl *Macht die Haut durch seinen hohen Nährstoffgehalt sehr geschmeidig und weich und hat einen natürlichen Lichtschutzfaktor. Eignet sich auch für entzündliche und zu Ekzemen neigende Haut.*

Weizenkeimöl *Enthält viel Vitamin E und ist für trockene Haut geeignet, weil sie intensiv regeneriert und pflegt.*

Johanniskrautöl *Ein sehr kräftiges Öl, das sich besonders bei Verbrennungen, Sonnenbrand, kleinen Wunden und Hautreizungen bewährt hat. Da es angeblich die Eigenschaften des Sonnenlichtes speichern kann, soll es Wärme und Fröhlichkeit auslösen. Vorsicht aber: Johanniskrautöl wirkt fototoxisch. Das heißt, es macht die Haut bei manchen Kindern lichtempfindlicher, und Sie sollten daher nach der Massage noch eine Weile direkte Sonneneinwirkung auf das Baby vermeiden.*

Olivenöl *Erhält den Hauttonus und ist auch geeignet bei entzündlicher Haut oder Muskel- und Gelenkproblemen.*

Kokosöl *In Indien das klassische Babyöl, das bei unseren Temperaturen aber meist erwärmt werden muss, weil es sonst zu fest ist. Es hat einen hohen Feuchtigkeitsgehalt und ist sehr geeignet für trockene Haut.*

Sommer können Sie Ihr Kind auch im Halbschatten draußen in freier Natur massieren.

Beliebte Unterlagen sind Schaffelle oder weiche Babydecken aus Naturfasern. Um eine heimelige, wohlige Atmosphäre der Geborgenheit zu schaffen, sind Ihrer Fantasie keine Grenzen gesetzt. Auch eine leichte, getragene Begleitmusik kann zur ruhigen, gelassenen Stimmung beitragen.

Sobald Sie allerdings merken, dass sich Ihr Kind gegen die Massage heftig sträubt oder sogar wehrt, sollten Sie aufhören und es zu einem späteren Zeitpunkt wieder versuchen. Auch Babys haben ihre »Tiefs«, fühlen sich manchmal nicht gut und wollen am liebsten in Ruhe gelassen werden. Manchmal ist eben Babymassage einfach nicht angesagt.

Den richtigen Zeitpunkt für die Babymassage müssen Sie ganz individuell für sich selbst bestimmen. Jeder gestaltet seinen Tagesablauf unterschiedlich, jeder hat einen anderen, eben seinen ganz eigenen, individuellen Rhythmus. Wählen Sie für sich und Ihr Kind einen Zeitpunkt, an dem Sie sich ohne Störung von außen und ohne Druck durch irgendwelche Vorhaben und Termine innerlich ruhig auf die Massage einlassen können.

MASSAGEÖLE

Bei der Babymassage ist das Öl nicht nur dazu gedacht, die Haut gleitfähiger zu machen, es ist auch Nahrung für die Haut.

Verwenden Sie nur kaltgepresste, unraffinierte Pflanzenöle, die Sie heute in fast allen Reformhäusern oder Naturläden, oft schon als Fertigmischung, speziell für die Massage von Babys kaufen können.

Auf gar keinen Fall sind Lotionen, Cremes und Öle empfehlenswert, die mineralische Substanzen, Konservierungsstoffe, synthetische Duftstoffe oder sonstige Zusätze enthalten. Diese künstlich erzeugten Inhaltsstoffe werden

von der Haut aufgenommen und im Körper eingelagert, und man weiß heute noch nicht genau, wie sie auf den Organismus einwirken können.

WELCHE SITZPOSITION IST FÜR DIE MASSAGE EMPFEHLENSWERT?

Bruno Walter empfiehlt im Rahmen seiner Harmonischen Babymassage, sich unbedingt auf den Boden zu setzen, sodass das Kind in der Mulde, auf Ihren Beinen liegend, massiert werden kann. So hat es Blickkontakt zu Ihnen und spürt Ihre Körperwärme. In dieser Position hat es auch am stärksten das Gefühl der Geborgenheit.

Ganz wichtig ist, dass Sie sich in Ihrer Sitzposition entspannt und wohl fühlen, denn nur dann kann die Massage wirkungsvoll sein. Da wir als Europäer das freie Sitzen am Boden nicht gewöhnt sind, sollten Sie als Stütze ein weiches Kissen am unteren Rücken platzieren und sich damit an einer Wand anlehnen. Der obere Rücken muss jedoch frei sein und darf nicht an der Wand angelehnt werden. Ihr eigenes Wohlbefinden ist nicht nur wichtig für

Sie selbst, sondern auch für das Kind. Ihr Baby spürt sofort, ob Sie in Ihrer Haltung verkrampft sind oder sich wohl fühlen.

WIE BEGINNE ICH DIE ERSTE MASSAGE?

Wenn Sie einen passenden Platz vorbereitet haben, ziehen Sie das Kind aus, denn es darf für die Massage ganz nackt sein. Es ist also wichtig, dass die Raumtemperatur angenehm warm ist. Falls Sie das Kind im Sommer im Freien massieren wollen, achten Sie unbedingt darauf, sich im Halbschatten niederzulassen und sein Köpfchen zu schützen! Vorsicht auch vor Zugluft!

Damit Sie die Harmonische Babymassage nicht unnötig unterbrechen müssen, sollten Sie schon vorher alle notwendigen Utensilien bereitstellen:

Eine offene Schale mit dem Massageöl ermöglicht Ihnen den direkten Gebrauch des Öls, ohne die Massage durch unnötige Griffe nach einer Ölflasche unterbrechen zu müssen. Als Unterlage auf den Beinen eignet sich eine einfache Babydecke oder ein Fell. Wenn Sie dann das Gefühl haben, dass Sie nun ungestört sind und sich in einer harmonischen Atmosphäre befinden, können Sie mit der Massage beginnen.

Tragen Sie keinen Schmuck und achten Sie darauf, dass Ihre Fingernägel kurz sind und keine Risse haben, die die feine Babyhaut bei der Massage verletzen könnten.

Die meisten Mütter, die sich entschließen, ihr Baby kontinuierlich zu massieren, beginnen damit ab der zweiten Lebenswoche. Natürlich ist auch ein späterer Einstieg möglich. Ganz wichtig ist zunächst einmal der liebevolle Blickkontakt zu Ihrem Schützling, denn er muss sich an die neue Situation erst gewöhnen.

ZU HARMONIE UND RUHE FINDEN

Seelische und körperliche Harmonie ist die Basis für ein gesundes Wachstum und damit für eine positive Lebensgrundlage.

HARMONISCHE BABYMASSAGE

Immer mehr Eltern legen großen Wert auf eine gesunde Entwicklung und natürliche Behandlung ihrer Kinder.
Die Harmonische Babymassage nach Bruno Walter ist eine Möglichkeit, optimale physische und psychische Entwicklungsvoraussetzungen für Babys zu schaffen. Sie fördert intensiv die körpereigenen Gesundungs- und Entwicklungsprozesse und die Verbindung zwischen Kind und Eltern.

MASSAGE IST NICHT NUR TECHNIK

Bruno Walter versteht unter seiner sogenannten Harmonischen Babymassage nicht nur das bloße Erlernen einer bestimmten Technik, sondern er sieht den Kernpunkt dieser Art von Massage eigentlich über der Technik. Er hat seine Harmonische Babymassage angelehnt an die indische Babymassage und für unsere westlichen Gegebenheiten handbarer gemacht. So hat er gewisse indische Massagegriffe abgewandelt, um sie den zum Teil anderen Bedürfnissen der europäischen Babys anzugleichen. Unsere Babys haben zum Beispiel oft zu viel »Energie« im Bauchraum, was sich in Koliken äußert; Beschwerden, unter denen indische Babys weit weniger oder meist gar nicht leiden.

> *»Wenn das Klavierspiel zur Kunst werden soll, muss der Pianist die Technik beherrschen und dann über sie hinauswachsen; genauso ist es bei der Babymassage.«*

In Indien ist die Babymassage eine ganz alltägliche Sache und gehört einfach zur Pflege und Entwicklung eines Babys dazu. Seit Generationen schon wird sie von den Müttern an die Töchter weitergegeben und ist ganz normaler Bestandteil eines harmonischen Tagesablaufs. Babys in Indien wachsen fast immer in Großfamilien auf, und auch der unerfahrenen Mutter ist die Unterstützung der ganzen Sippe gewiss. Sie fühlt sich sicher in einer Gemeinschaft aus Wissen und Erfahrung. Bei uns im Westen dagegen dominiert die Kleinfamilie; enge verwandtschaftliche Beziehungen sind eher ausgeklammert. Das heißt, dass junge Mütter meist ganz auf sich selbst gestellt sind und der neuen

Situation mit einem Säugling oft unsicher und überfordert gegenüberstehen. Viele versuchen deshalb, sich theoretisch abzusichern und alles, was zur praktischen Versorgung eines Säuglings gehört, perfekt zu gestalten, sei es Ernährung, Kleidung, Spielzeug oder Erziehung. Erfolgszwänge und der Druck, alles richtig zu machen, bestimmen häufig die Beziehung zum Baby, denn wer will schon eine Rabenmutter oder ein Rabenvater sein? Zu diesem äußeren Perfektionsstreben gesellt sich dann meist eine tiefe, innere Unsicherheit, die sich schnell auf das Kind übertragen kann.

Das Baby als eigene, gleichwertige Persönlichkeit akzeptieren

Diese Unsicherheit im Umgang mit dem Kind abzubauen, ist ein erklärtes Ziel der Harmonischen Babymassage. Müttern und Vätern werden Hilfestellungen angeboten, die echten Bedürfnisse der Babys besser zu erkennen und zu verstehen und sich mehr darauf einzulassen. Es geht aber nicht darum, jedes Weinen und Nörgeln des Kindes zu vermeiden oder zu unterbinden.

»Ein Kind sollte von Anfang an die Chance haben, sich mit seinen Problemen auch selbst auseinander zu setzen; das ist ganz wichtig! Überlegen Sie einmal: Werden Sie gefragt, ob Ihnen Ihre Probleme und Schwierigkeiten recht sind? Manches müssen wir einfach durchstehen lernen und das gilt bis zu einem gewissen Teil auch schon für Babys.«

Ein Säugling hat sprachlich keine andere Möglichkeit, als sich weinend verständlich zu machen. Nicht jedes Weinen ist ein Alarmsignal. Immer wieder ist zu beobachten, dass Mütter automatisch sofort zum Schnuller oder zum Fläschchen greifen, um das Kind zu beruhigen. Damit nimmt man dem Kind aber auch die Chance, sich zu artikulieren. Andererseits soll das aber nicht bedeuten, dass Eltern ihre Kinder stundenlang schreien lassen sollen, wie es manche propagieren.

Die Harmonische Babymassage will einen Mittelweg zum besseren Verständnis und Umgang mit den neuen, kleinen Erdenbürgern ebnen.

»Das versteht das Baby noch nicht«, ist eine häufige Äußerung vieler

Eltern. Wir müssen uns bewusst machen, dass ein Baby eine eigene, gleichwertige Persönlichkeit ist, der wir nur meist nicht aufmerksam genug zuhören und zuschauen. Wir sollten ihr unsere sämtlichen Sinne öffnen.

»Ein Baby versteht zwar noch nicht den Sinn der Worte, es begreift aber sehr wohl den Sinn von dem, was Sie meinen und ihm mitteilen wollen. In meinen Kursen drehe ich oft die Formulierung ›Das versteht das Baby noch nicht‹ um und sage ›Wir verstehen das Kind noch nicht!‹ Sprechen Sie also mit Ihrem Sprössling wie mit einem Erwachsenen und erklären Sie ihm, was Sie mit ihm vorhaben und was Sie wollen. Das gilt übrigens auch dann, wenn das Kind schläft. Es macht nichts aus, wenn es dabei kurz aufwacht: Wenn es Ihre Stimme hört, wird es umso beruhigter weiterschlafen.«

DIE »AUSSAGEN« IHRES BABYS VERSTEHEN LERNEN

Manchmal empfinden wir das Kind auch als »Problem« in dem verzwickten Zusammenspiel unserer Beziehungen und bemerken gar nicht, dass das Problem eher in uns selbst und in unserer ungenauen Beobachtung des Kindes liegt.

Die Harmonische Babymassage will Eltern helfen, den Blick für die »Aussagen« des Babys zu schärfen, seine Signale besser zu verstehen und anzunehmen. Auf der anderen Seite will sie dem Baby helfen zu »wachsen«. Hierfür bietet sie eine breite Palette von Hilfen in Form von Sinneseindrücken an, die das Kind dazu braucht, seine eigenen Fähigkeiten und seine Persönlichkeit leichter zu entfalten.

Wichtig dabei ist, dem Kind diese Hilfen zumindest anzubieten. Es entscheidet dann selbst, was es aus diesem Angebot auswählt und umsetzt. Den richtigen Zeitpunkt der Entwicklungsschritte bestimmt das Kind ganz allein: Wann es die Brust nicht mehr will, wann es beginnt zu sitzen oder zu laufen. Wichtig ist nicht, wann das Kind etwas macht, sondern wie: frei und aus innerem Antrieb.

»Es ist sehr wichtig, die Entwicklungsschritte zu erkennen, damit man dem Kind entsprechende Unterstützung anbieten kann. Wenn die Kleinen zum Beispiel Zähne bekommen, ist das ein

eindeutiges Signal des Körpers, allmählich auf feste Nahrung umzustellen. Es liegt an uns, diese Signale zu erkennen und darauf entsprechend zu reagieren, auch wenn dies mitunter mit Schwierigkeiten verbunden ist. Oft ist es natürlich verlockend, den Weg des geringeren Widerstands zu gehen.«

NATUR »FREI HAUS«

Kinder, die ländlich, in engem Kontakt mit der Natur aufwachsen, bekommen die notwendigen Sinnesreize für ihre Entwicklung von der Natur quasi »frei Haus« geliefert. Sie hören Naturgeräusche (Vogelzwitschern, das Rauschen des Wassers), sehen Farben (den Himmel, die Erde, Blumen) und riechen (den Duft von Blüten, Bäumen und Tieren).

Die Natur bietet das gesamte Spektrum an Sinnesreizen an, die für eine natürliche Entwicklung nötig sind. So wie die Natur ihre »Reize« dem heranwachsenden Kind anbietet, ist es natürlich optimal. Nirgendwo sonst stehen einem Kind Geräusche, Farben und Gerüche in so adäquater Weise zur Verfügung.

Sinnesüberreizung in der Großstadt

Was passiert nun aber mit Kindern, die in Großstädten oder in naturarmen Gegenden aufwachsen, und gar nicht oder nicht ausreichend Gelegenheit haben, genügend positive Reize zu speichern?

Ganz im Gegenteil: Häufig sind sie im unnatürlichen Umfeld einer Stadt einer ständig negativen Sinnesüberreizung ausgeliefert. Permanente Musikberieselungen, schlechte Luft, überheizte Räume und Lärm wirken auf die Kleinen viel störender, als viele Erwachsene annehmen.

Aber auch in den eintönigen Wintermonaten stehen diese Reize den Kindern oft nicht ausreichend zur Verfügung. Zu wenig Farben, Gerüche und Naturgeräusche sind häufig eine Folge tief verschneiter und zugefrorener Landschaften. Auch wenn diese winterliche Ruhe ihren natürlichen Sinn hat, ist zu bedenken, dass gerade in den ersten Lebensmonaten die cerebralen Verknüpfungen im Gehirn des Kindes entstehen. Damit das geschehen kann, braucht es aber die entsprechenden Sinnesanregungen.

Setzen Sie Düfte, Farben und Musik ein

In der Harmonischen Babymassage sind aus diesem Grund die Anregungen, die im 5. Kapitel (ab Seite 67) zur Sprache kommen, eine nicht zu unterschätzende Möglichkeit. Mit Düften, Farben und Musik werden die sonst natürlich vorhandenen Sinnesreize so dargeboten, dass sie den naturgegebenen Reizen gleichkommen. Das Konzept der Harmonischen Babymassage versucht, die Lücken, die uns unser Umfeld häufig aufzwingt, zu schließen oder zumindest etwas zu füllen.

DIE MASSAGE-TECHNIK ERLERNEN

Werden die Massagegriffe regelmäßig durchgeführt, bekommen Eltern selber bald zunehmend mehr Sicherheit im Umgang mit ihren Kindern.

EINFÜHRUNG IN DIE TECHNIK DER BABYMASSAGE

Das Schema, das im folgenden Kurs angeboten wird, soll als roter Faden dienen und auch eine Gedächtnisstütze sein. Das Wichtigste bei der Harmonischen Babymassage ist das Miteinander und nicht das stereotype Nachahmen von Standardgriffen.

Platz für spontane Reaktionen lassen

Diese Art der Babymassage will bewusst machen, dass es sich hier nicht um einen starr festgelegten Vorgang handelt, den man absolviert, sondern dass im Umgang mit den Kleinen immer auch noch Platz für spontane Reaktionen des Kindes und der Eltern sein muss.

Lieder, Reime und Fingerspiele fördern die Sprachentwicklung Ihres Babys und machen außerdem unglaublich viel Spaß. In diesem Kapitel finden Sie eine kleine Auswahl an Reimen. Erkennen Sie einige wieder?

Verlassen Sie aber nicht das Grundkonzept der Harmonischen Babymassage, damit sich das Kind an den natürlichen Rhythmus und die Reihenfolge dieser Massage gewöhnen kann.

»Vielleicht fragen Sie sich jetzt, wo die Grenze ist zwischen den spontanen Reaktionen auf der einen Seite und dem Festhalten am Grundkonzept der Harmonischen Babymassage auf der anderen Seite. Das Grundkonzept bietet einfach die vorgegebene Reihenfolge der beschriebenen Griffe an. Wenn aber das Baby aus irgendwelchen Gründen an der Massage eines Körperteils augenscheinlich keinen oder wenig Gefallen findet, sollten Sie das natürlich berücksichtigen und die Massage in diesem Bereich etwas reduzieren. Lassen Sie aber nie einen Griff grundsätzlich wegfallen! Bestimmte Bereiche, für die das Kind eine Vorliebe zeigt, können Sie ruhig etwas länger massieren! Die Harmonische Babymassage ist auf eine ganz natürliche effektive Griffreihenfolge aufgebaut. Um eine größtmögliche Wirkung zu erzielen, sollte diese Griffreihenfolge beibehalten werden.«

Massagegriffe sind die Griffe, die sehr häufig ausgeführt werden: ungefähr 20- bis 40-mal. Die Bewegungen des Massierenden sollten immer fließend und rhythmisch sein. Die Zahlenangaben sind nur als Richtlinie und nicht zum

Mitzählen gedacht. Für eine optimale Massage sollten sie jedoch angestrebt werden. Aber bitte nichts erzwingen!

Die »Specials«, wie hier die Sondergriffe bezeichnet werden, unterscheiden sich zum Teil erheblich von den Massagegriffen. Sie werden nur 3- bis 4-mal angewendet und haben ihren ganz eigenen Rhythmus.

»Auch wenn manche Sondergriffe scheinbar aus der Reihe tanzen, darf ihre Bedeutung nicht unterschätzt werden. Die ›Specials‹ haben ihre ganz spezielle Wirkung und Bedeutung für die natürliche Entwicklung der Körperfunktionen und Entfaltung der Persönlichkeit des Säuglings.«

Kinne Wippchen,
rote Lippchen,
Nuppelnäschen,
Augenbräuchen,
zupp, zupp, Härchen.

RUHIGE MINUTE

Wenn Sie also, wie schon beschrieben, einen angenehmen und passenden Platz für die Massage gefunden haben, sollten Sie Ihren unteren Rücken mit einem weichen Kissen abstützen.

Das Kind liegt nackt vor Ihnen auf Ihren Beinen. Wenn das Drumherum stimmt, beginnen Sie die Massage mit der sogenannten Ruhigen Minute.

Bitte fassen Sie die genannte Minute nicht als starre Zeiteinheit auf. Es geht vielmehr darum, dass Sie und Ihr Kind sich auf die kommende Situation einstimmen.

> *»Wenn Sie Ihrem Baby jetzt ganz bewusst Achtsamkeit und Aufmerksamkeit schenken wollen, nehmen Sie einfach auch das entgegen, was in diesem Augenblick vom Kind kommt. Lassen Sie sich nicht aus der Ruhe bringen, auch wenn es weint oder unruhig ist: Bringen Sie dem kleinen Wesen in diesem Augenblick einfach Verständnis entgegen.«*

HEISSE HÄNDE

Um Ihr »Handwerkszeug«, eben Ihre eigenen Hände, auf die Massage vorzubereiten, reiben Sie beide Handflächen kräftig und intensiv aneinander, bis sie ganz heiß sind.

Wie das Fähnchen
auf dem Turm
sich kann drehn
bei Wind und Sturm,
so soll sich mein
Händchen drehn,
dass es eine Lust ist,
zuzusehn.

> *»Reiben Sie Ihre Hände so fest aneinander, dass Sie das Gefühl haben, die Funken sprühen.«*

Erst danach ölen Sie die Hände ein, um mit der Massage zu beginnen.

BEGRÜSSUNG »SCHMETTERLINGSGRIFF« (SPECIAL)

Der sogenannte »Schmetterlingsgriff« ist ein Sondergriff; das heißt, man sollte ihn höchstens 3- bis 4-mal ausführen.

Streichen Sie dabei vom Brustbein aus sanft und zart mit den Kanten beider Hände über die Haut des Kindes nach außen. Mit diesem »Hauch von Berührung« nehmen Sie erst einmal ganz vorsichtig Kontakt zu Ihrem Kind auf und signalisieren damit, dass jetzt die Massage beginnt.

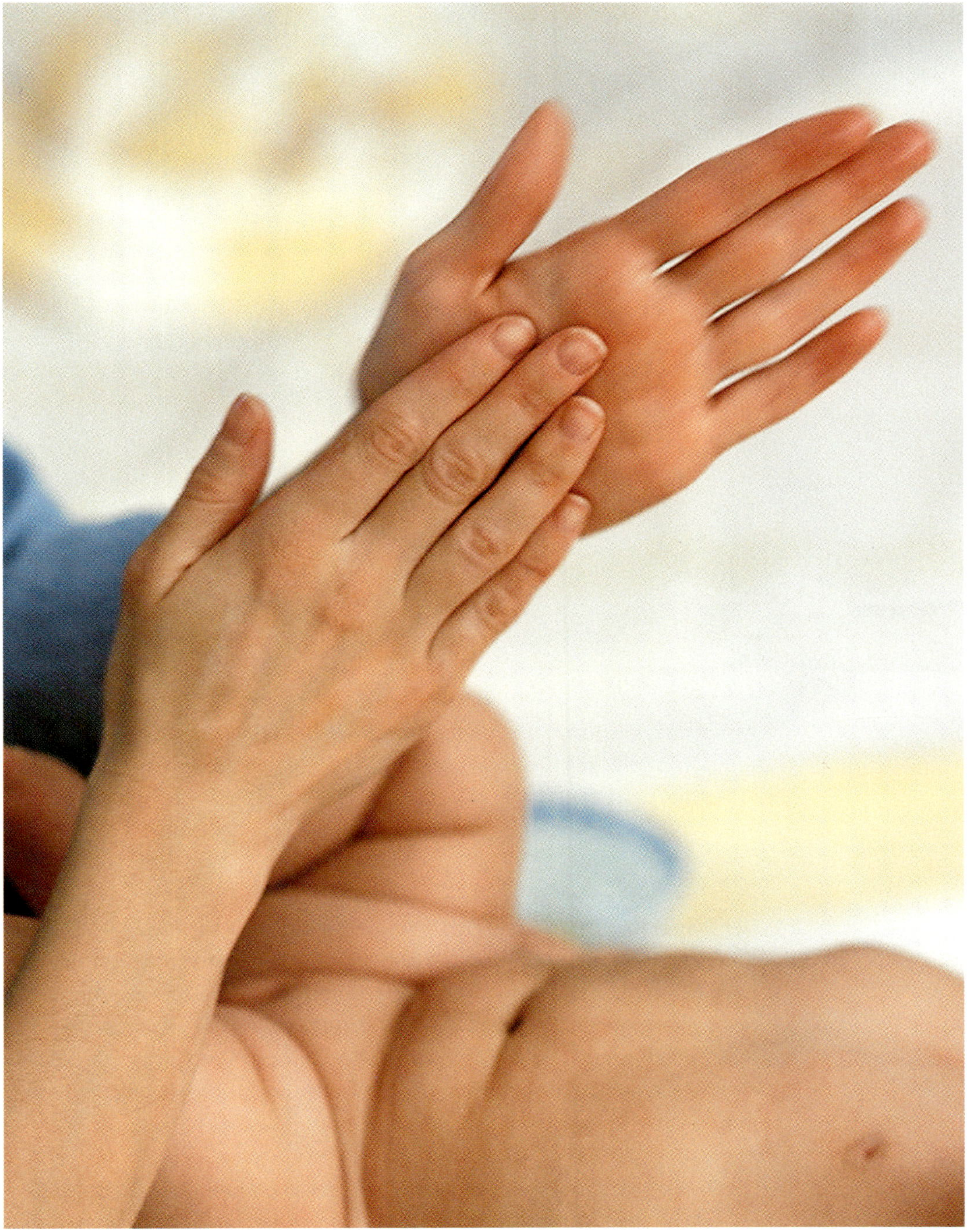

»Stellen Sie sich die filigrane Zartheit eines Schmetterlings vor, und versuchen Sie, diese Zartheit in den Schmetterlingsgriff einzubringen.«

HERZGRIFF (MASSAGEGRIFF)

Der Herzgriff ist ein Massagegriff, und wie wir schon erklärt haben, können Sie diesen Griff ohne Bedenken so oft anwenden, wie es Ihnen und dem Kind behagt. Mit der Zeit sollte es zu einer relativ häufigen Wiederholung von 20- bis zu 30-mal kommen. Streichen Sie vom Brustbein über die Brust, seitlich mit Ihren Handflächen abwärts, und setzen Sie dabei so viel Fläche Ihrer Hände ein wie möglich. Der Druck sollte hierbei kräftig und die Bewegung rhythmisch sein.

»Die gedachte Form eines gemalten Herzens ohne seine Spitze ist dabei die Linie, die Sie mit Ihren Händen ›nachmalen‹ können.«

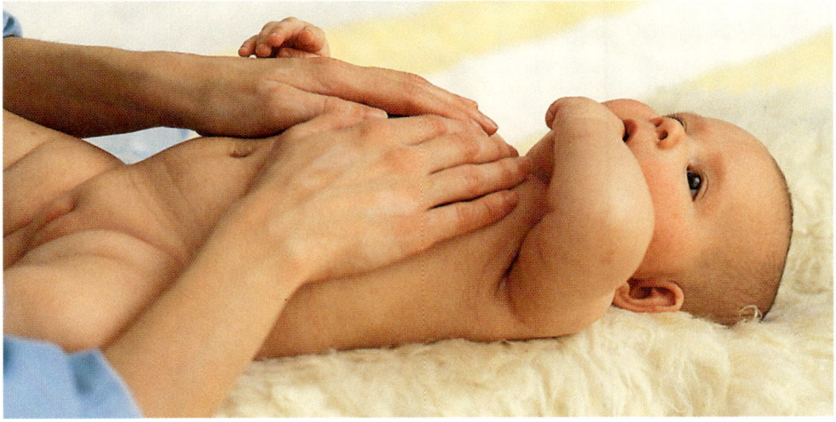

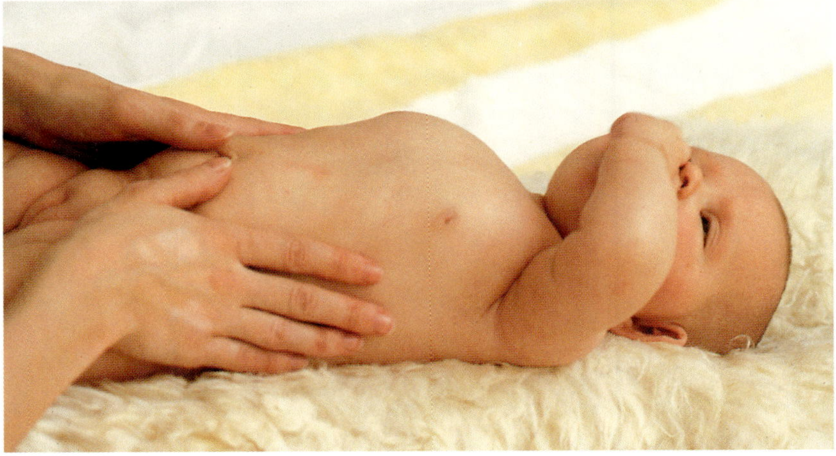

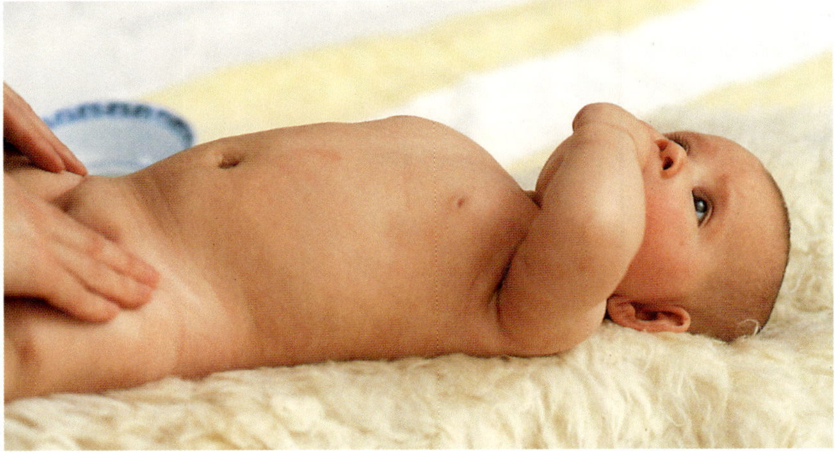

Das ist die Mutter
lieb und gut,
das ist der Vater mit
dem frohen Mut,
das ist der Bruder
schlank und groß,
das ist die Schwester
mit dem Püppchen
auf dem Schoß,
das ist das Kindchen
zart und fein,
das soll die ganze
Familie sein.

ANDREASGRIFF (MASSAGEGRIFF)

Streichen Sie ganz einfach von der Schulter über Kreuz bis zur gegenüberliegenden Hüfte. Wenn es die Lage des Kindes erlaubt, können Sie diesen Griff sogar hinter der Schulter beginnen.

»Vergessen Sie nicht Ihren eigenen Rhythmus! Wie bei allen anderen Massagegriffen auch, sollten Sie möglichst locker mit Ihrem eigenen Oberkörper mitschwingen.«

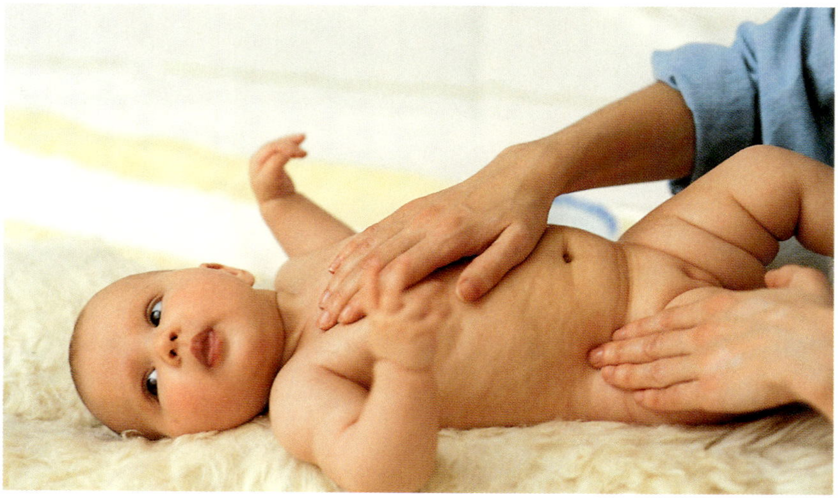

Mein herziger Schatz
hat Härlein wie Flachs,
hat Härlein wie Seiden,
drum mag ich's
gut leiden.

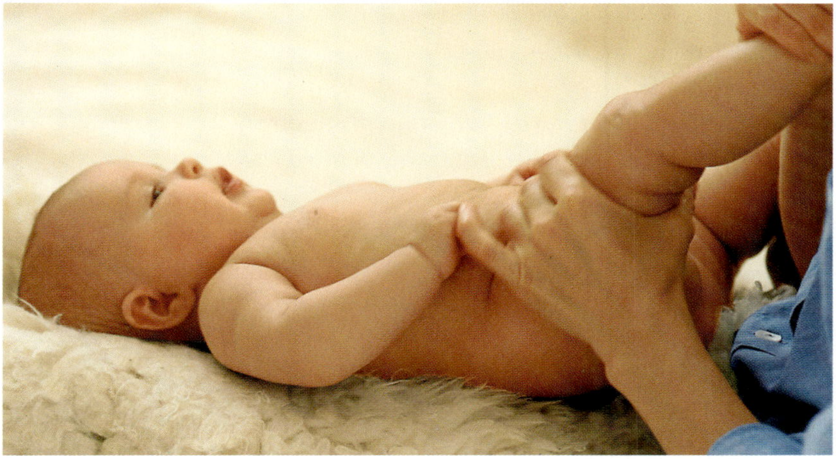

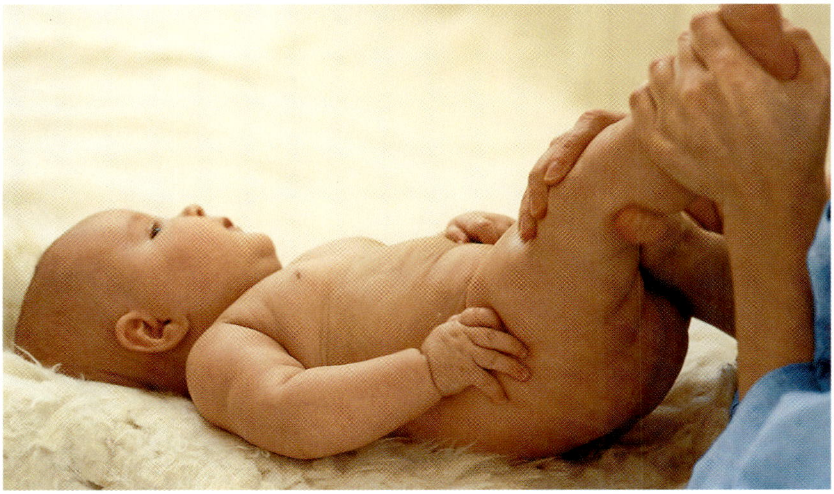

Es geht ein Männlein
über die Brücken,
hat ein Säcklein
auf dem Rücken,
's Brücklein kracht,
's Männlein lacht,
plumps,
da liegt es unten.

BEINE

Streichen

Hier ist es günstig, wenn sich der Oberschenkel des Kindes im 90-Grad-Winkel zum Körper befindet. Diese Stellung des Beinchens unterstützt die Entwicklung der Hüftgelenke, sie ist aber nur mit Gefühl und dem Einverständnis des Kindes anzustreben. Vergessen Sie bitte nie, dass in erster Linie Ihre eigene Sensibilität und Ihr Gespür ausmachen, wie Sie Ihr Kind massieren. Die Technik ist nur eine Vorgabe, die Sie auf sich und Ihr Kind passend »zuschneiden« sollten.

Streichen Sie dann abwechselnd mit der rechten und der linken Hand von der Leistengegend hin zu den Füßchen.

»Streichen Sie mit so viel Intensität, als wenn Sie die Durchblutung der Beinchen zu den Füßen hin fördern wollten.«

Brennnessel

Diese Bezeichnung ist an das alte Kinderspiel »Brennnessel« angelehnt, wobei am Handgelenk eine Hand gegen die andere gedreht wird, um einen brennenden Schmerz zu bewirken.

Bei der Babymassage schmerzt der »Brennnesselgriff« natürlich nicht, weil das Öl einen schmerzhaften Griff verhindert und die Haut gleitfähig macht. Sie können Ihre Hände also in Spiralbewegungen an den Beinchen intensiv »hochschrauben«. Lassen Sie beide Hände immer eng beieinander.

Da hast 'nen Taler,
geh auf den Markt,
kauf dir 'ne Kuh,
ein Kälbchen dazu.
Das Kälbchen
hat ein Schwänzchen,
Diddeldiddeldänzchen.

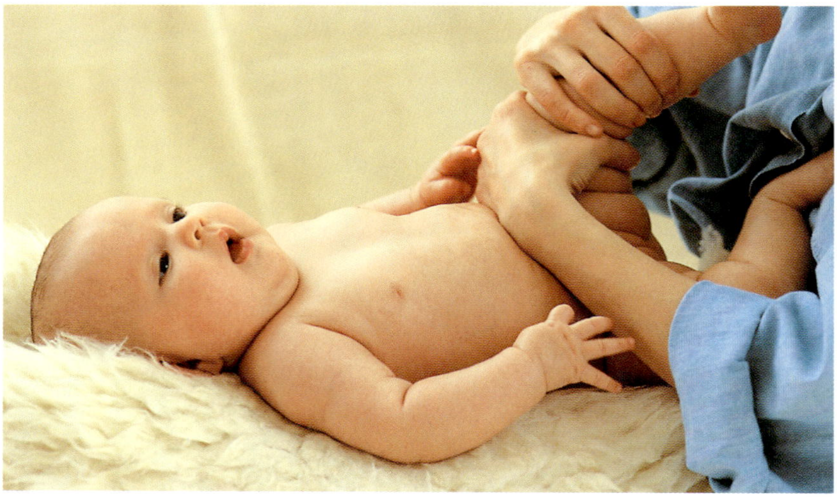

FÜSSE

Perlengriff (Massagegriff)

Mit Ihrem Daumen massieren Sie die gesamte Fußsohle des Kindes in kleinen, kreisenden Bewegungen, die immer wieder auf einer neuen Stelle auszuführen sind, sodass keine Stelle frei bleibt. Sie »wandern« also mit Ihrem Daumen auf der Fußsohle entlang. Ob das nun mit einem Daumen oder im Wechsel mit beiden passiert, bleibt jedem selbst überlassen.

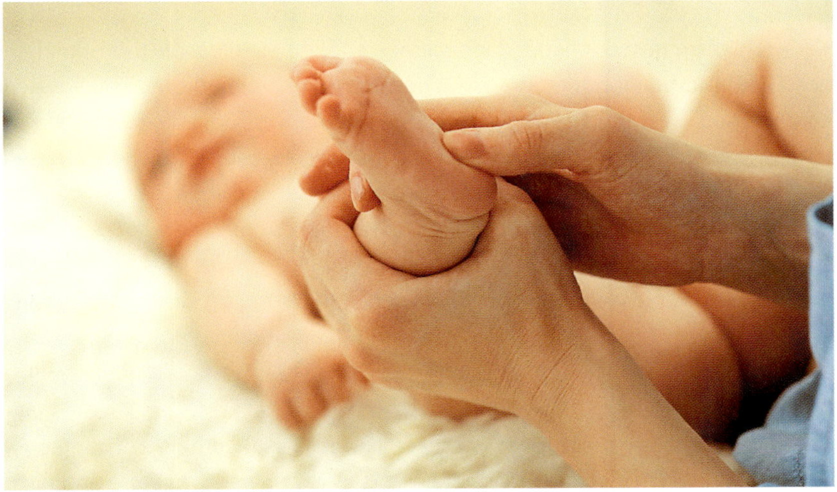

Steig aufs Bergle,
fall aber nicht herab,
oh herzig lieb's Schätzle,
brich's Füßle nit ab.

Bevor Sie die Massage der Fußsohlen beenden, dürfen Sie als Abschluss die Zehen nicht vergessen! Sie sollten sanft ausgestrichen und liebevoll geknubbelt werden.

»Stellen Sie sich beim Perlengriff vor, dass das Füßchen des Kindes mit eng aneinander gereihten, einzelnen Perlen besetzt ist, die Sie der Reihe nach behandeln. Oft helfen solche bildhaften Vorstellungen dabei, sich in einen Massagegriff besser einfühlen und ihn deshalb auch besser ausführen zu können.«

Kreative Fußarbeit

Nach der oben beschriebenen Fußmassage können Sie ganz nach Ihrem eigenen Gefühl und Empfinden die Füße des Babys weitermassieren. Sie werden bald merken, dass die vorliegende Technik zur Babymassage keine starre Anleitung ist, sondern immer Spielraum lässt, mit eigenen Streicheleinheiten oder mit kräftigeren Griffen die Massage abzurunden. Geben Sie daher ruhig auch Ihren eigenen Impulsen nach, und achten Sie darauf, wie viel Freude und Spaß Ihr Kind dabei hat!

Nicht zu vergessen: Die oben beschriebenen Massagegriffe verstehen sich natürlich immer für die jeweils rechten und linken Gliedmaßen.

Klatsch-Dreh-Weg-Bewegung (Special)

Dieser Extragriff wird mit jeder Hand etwa 3- bis 4-mal an beiden Füßen ausgeführt. Man dreht sich die linke Hand 3- bis 4-mal zur rechten Seite und nach dem Handwechsel mit der rechten Hand genauso oft zur linken Seite am selben Fuß. Wie schon der Name des Griffs vermuten lässt, unterteilt er sich in drei Schritte: Klatschen Sie zuerst leicht auf das Füßchen und dies von mal zu mal kräftiger. Lassen Sie die Hand aber auf der Sohle liegen, und drehen Sie dann die Hand zügig, bevor Sie die Hand abrupt zurückziehen und von vorn beginnen. Mit der jeweils freien Hand stützen Sie dabei das Füßchen am Fußgelenk gut ab. Dann wechseln Sie zum anderen Fuß.

Alt ist nicht neu,
sauer ist nicht süß,
Händ sind keine Füß,
Füß sind keine Händ,
's Lied hat ein End.

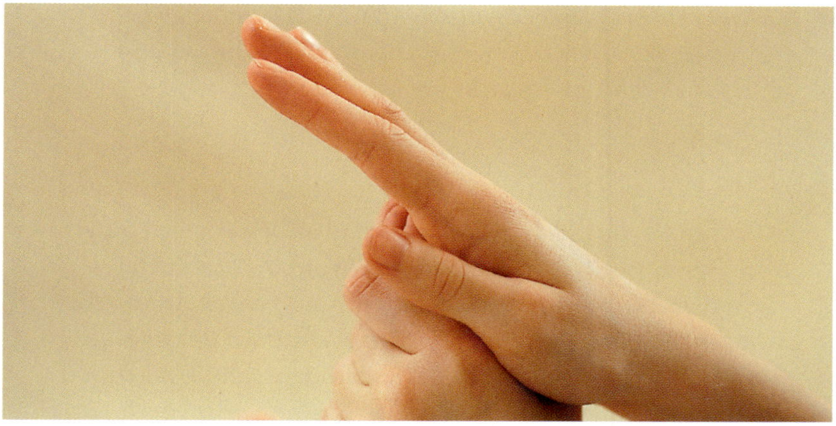

Eins zwei drei,
alt ist nicht neu,
neu ist nicht alt,
warm ist nicht kalt,
kalt ist nicht warm,
reich ist nicht arm.

»Gehen Sie mit Humor an diese ungewöhnlich anmutende Bewegung. Sie sollte Ihnen beiden Spaß machen und es darf dabei auch ruhig mal gelacht werden.«

ARME (MASSAGEGRIFF)

»Machen Sie sich keine Sorgen, wenn Sie die Vielfalt der Griffe nicht sofort bewältigen. Sie werden bald merken, dass sich gewisse Schemen wiederholen. So zum Beispiel bei den Armen: Die Massagegriffe an Armen und Händen entsprechen den jeweiligen Griffen an Beinen und Füßen. Wenn Sie diese Parallelen erkannt haben, wird Ihnen die Reihenfolge der Massage mit den einzelnen Griffen bald in Fleisch und Blut übergehen.«

Wie bei den Beinen wiederholen sich bei den Armen zunächst einmal die Streichbewegungen. Abwechselnd mit Ihrer rechten und linken Hand streichen Sie zügig von der Schulter zu den Händen des Babys. Ob die Streichbewegung über die Hand hinausgeht oder durch die natürliche Haltung und

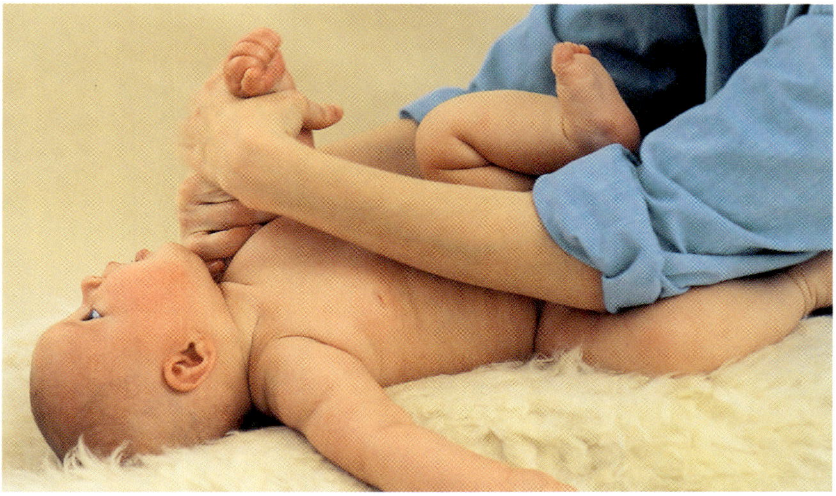

Heile, heile segen,
drei Tage Regen,
drei Tage Sonnenschein,
bald wird's wieder
besser sein.

Bewegung des Kindes vielleicht schon am Handgelenk endet, bestimmen das Kind und Sie ganz nach Gegebenheit.

»Vielleicht signalisiert Ihnen Ihr Kind bei der Armmassage, dass es sich eingeengt, festgehalten und unfrei fühlt. Lassen Sie es dann ruhig mit seinen Ärmchen rudern, und folgen Sie mit den Massagegriffen einfach den Armbewegungen.«

Brennnessel

Genauso wie bei den Beinen, wenden Sie den Brennnesselgriff an den Armen an. Achten Sie aber darauf, dass Ihre Hände und die Haut des Kindes durch das Öl geschmeidig bleiben, damit die Gegenbewegung dieses Griffs nicht ein Brennen auf der Haut hinterlässt. Achten Sie also immer sorgfältig darauf, dass Sie genügend Öl verwenden.

HÄNDE (MASSAGEGRIFF)

Perlengriff

Legen Sie Ihren Daumen zunächst in die Handfläche des Kindes. Wenn sich die Hand des Kindes dabei schließt, können Sie sie vorsichtig öffnen, indem Sie den Daumen zu den Fingern hin streichen. Halten Sie das Händchen fest, und massieren Sie mit Ihrer freien Hand – ganz wie bei den Fußsohlen – den

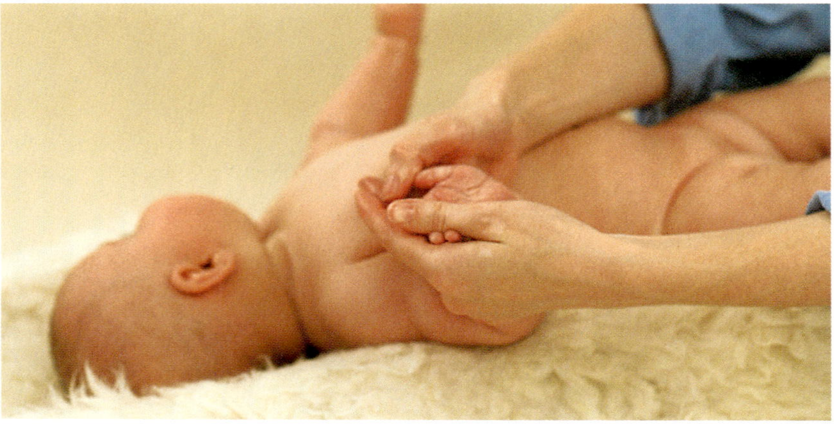

Perlengriff in kleinen, kreisenden Bewegungen in der Handfläche. Achten Sie darauf, die ganze Handfläche des Kindes zu massieren und beziehen Sie die Fingerchen, wenn möglich, mit in die Massage ein. Es sollten keine unbehandelten Lücken entstehen. Genauso, wie Sie am Fuß die Zehen ausgestrichen und geknubbelt haben, können Sie das nun bei den Fingerchen tun, wenn Ihr Kind dazu bereit ist und die Hände geöffnet hält.

Machen Sie sich keine Gedanken, wenn diese Massage bei den ganz Kleinen nicht klappt, weil sie ihre Fingerchen nicht geöffnet lassen. In der Regel verliert sich der Reflex, die Fäustchen zu ballen, erst ab dem dritten Monat, sodass auch erst dann die Bereitschaft da ist, die Hände geöffnet zu halten.

Daumen neig dich,
Zeiger streck dich,
Mittler bück dich,
Goldner heb dich,
Kleiner duck dich,
ja, ja, duck dich.

RÜCKEN (MASSAGEGRIFF)

Harfe

Um diesen Griff massieren zu können, legen Sie Ihr Kind einfach quer über Ihre ausgestreckten Beine, sodass sein Köpfchen nicht auf Ihrem Oberschenkel liegt. Mit leichtem, natürlichem Druck streichen Sie nun mit einer Hand vom Kopf aus langsam den Rücken hinunter bis über die Füße hinaus. Die freie Hand hält dabei das Kind an den Fußgelenken.

»Viele Mütter und Väter haben es leichter, die Massagegriffe zu erlernen, wenn ich Ihnen passende Bilder und Vorstellungen dazu vorschlage. Denken Sie an die Eleganz und die Einfühlsamkeit einer Harfenspielerin, wenn Sie diesen Griff anwenden.«

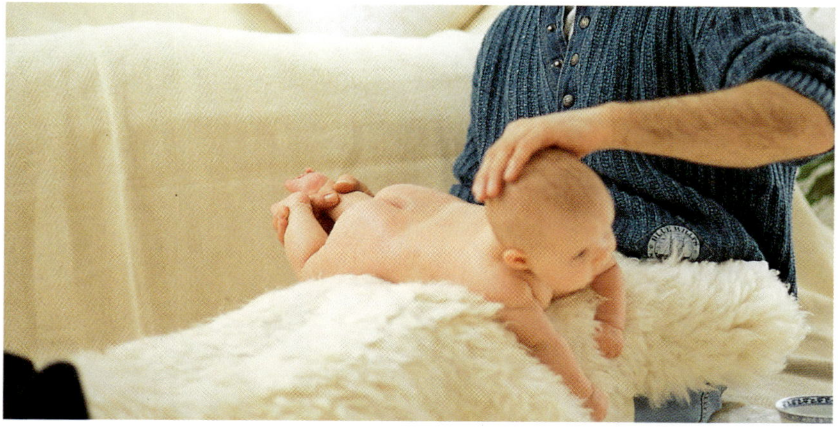

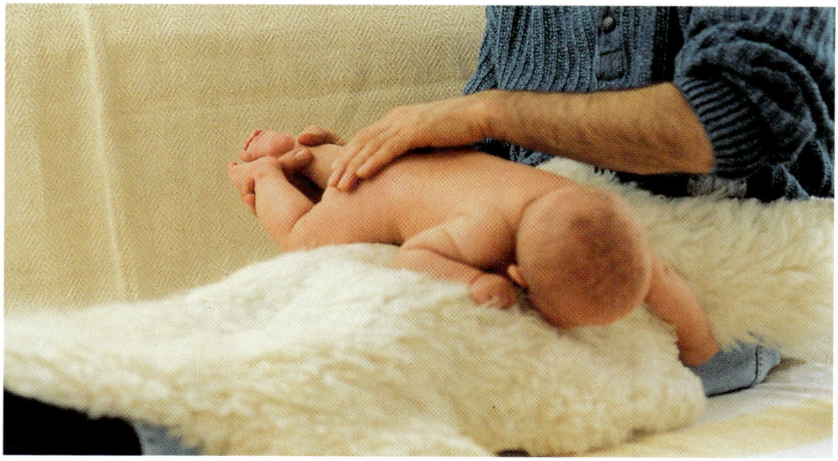

Das ist der Daumen,
der schüttelt die
Pflaumen,
der liest sie auf,
der trägt sie rauf,
und der Kleine
isst sie alle auf.
Da kommt ein
Mäuschen,
will ins Häuschen.
Klinglingling,
ist der Herr zu Haus?

Eins, zwei, drei,
vier, fünf, sechs,
sieben, acht, neun,
geh ins Gässchen nein.
Im Gässchen ist
ein Haus,
am Haus ist
ein Garten,
im Garten
ist ein Baum,
im Baum ist ein Nest,
im Nest ist ein Ei,
im Ei ist ein Dotter,
im Dotter ist ein Has,
der springt dir
auf die Nas!

Streichen

Vom Hinterkopf ausgehend streichen Sie mit beiden Händen im fließenden Wechsel bis zum Po.

Brennnessel

Wie schon bei den Beinen und den Armen streichen Sie, ganz der natürlichen Körperform Ihres Kindes angepasst, in einer Gegenbewegung vom Nacken bis zum Po. Die Hände sollten eng beieinander liegen und die Daumen nicht abgespreizt sein.

Alle Griffe am Rücken werden vom Kopf aus in Richtung Po massiert, weil diese Richtung eine ganz natürliche Entspannung bewirkt.

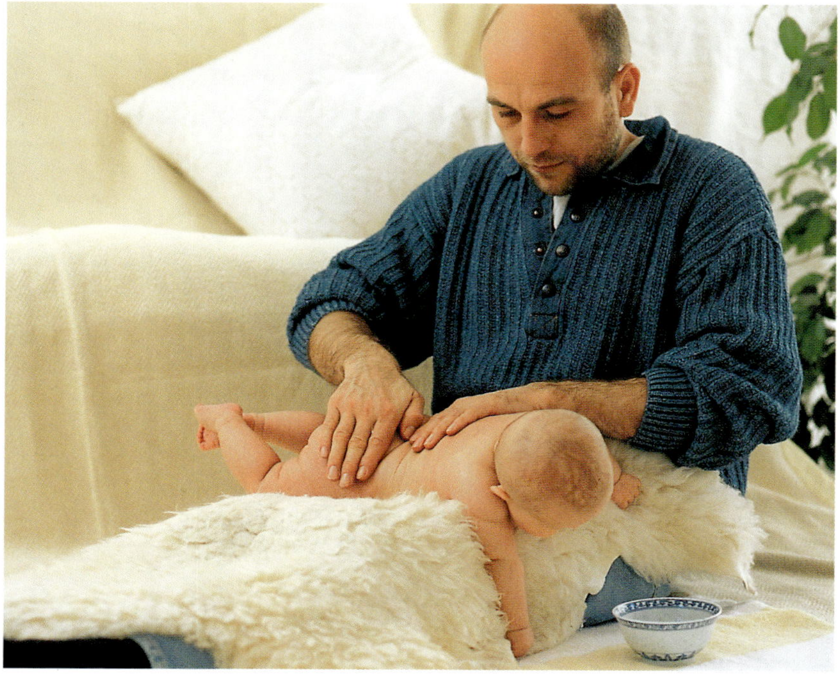

Eins, zwei, drei, vier,
fünf, sechs, sieben,
wo ist unser
Fritz geblieben?
Er brummelt immer
hin und her,
er brummelt wie ein
alter Bär.

Überlegen Sie einmal: Wie streicheln Sie Ihr Kind, wenn Sie es tröstend in den Armen halten? Ganz intuitiv und instinktiv streicheln wir alle vom Kopf aus abwärts, wenn wir ein Kind beruhigen und lieb haben wollen.

BAUCH- UND COLONMASSAGE (MASSAGEGRIFFE)

Leicht streichende Bewegungen, die den Bauchnabel umkreisen und sich langsam spiralförmig ausweiten, sind die ersten »Streicheleinheiten« bei der Bauchmassage. Ganz wichtig bei allen Massagebewegungen im Bereich des Bauches ist, dass immer nur im Uhrzeigersinn massiert wird, denn diese Richtung entspricht dem natürlichen Verlauf des Darms.
Im zweiten Stadium der Bauchmassage umrunden Sie nun mit eher kräftigem Druck, unter den Rippenbögen beginnend, den gesamten Bauch. Versuchen Sie dabei so viel wie möglich von der Handfläche aufzulegen.

Das Kind empfindet übrigens den Druck auf den Darm als Wohltat, den Druck auf den Blasenbereich eher als unangenehm. Dies sollten Sie bei der Intensität des Griffs auf den Bauch berücksichtigen.

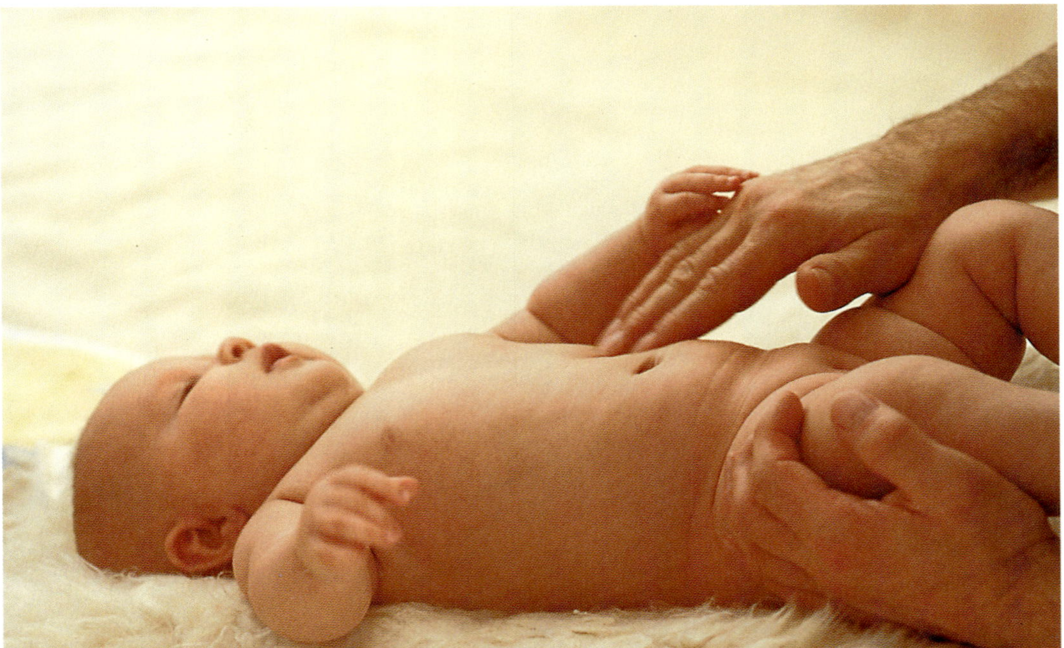

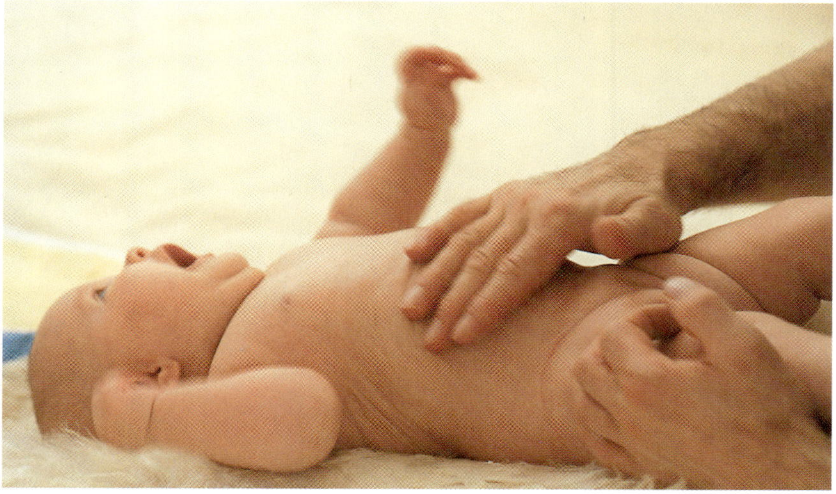

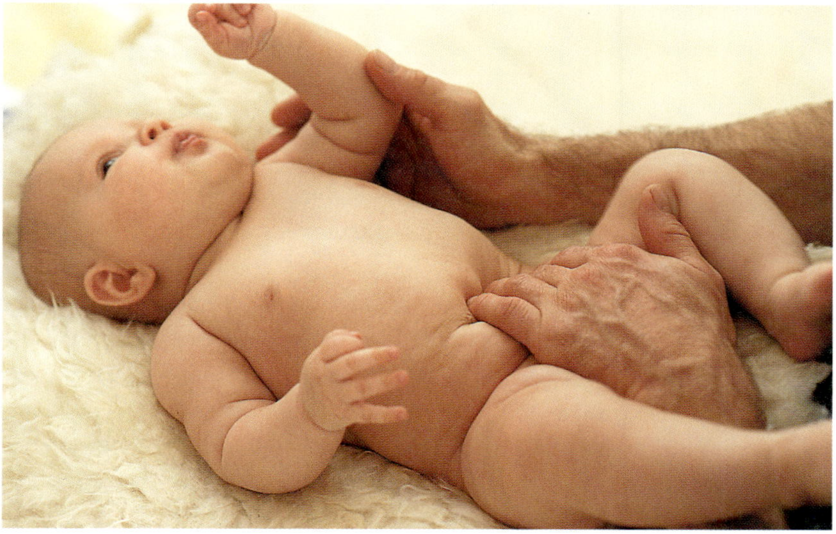

Roll, roll, roll,
mein Topf ist voll,
mein Bauch ist leer,
heut Abend gibt's
viel schwarze Beer.

Massieren Sie die Ihnen zugewandte rechte Bauchseite des Kindes mit Ihrer linken Hand. Massieren Sie nun mit zwei oder drei Fingern und eher kräftigem Druck tief in den Bauchraum hinein.

»Haben Sie ruhig den Mut, diesen Griff ziemlich intensiv anzuwenden. Um Ihnen eine Vorstellung zu vermitteln: Vom Gefühl her sollte es ungefähr so sein, als wenn Sie mit der Hand vom Bauch aus bis zur Wirbelsäule ›durchgreifen‹ würden. Anhand

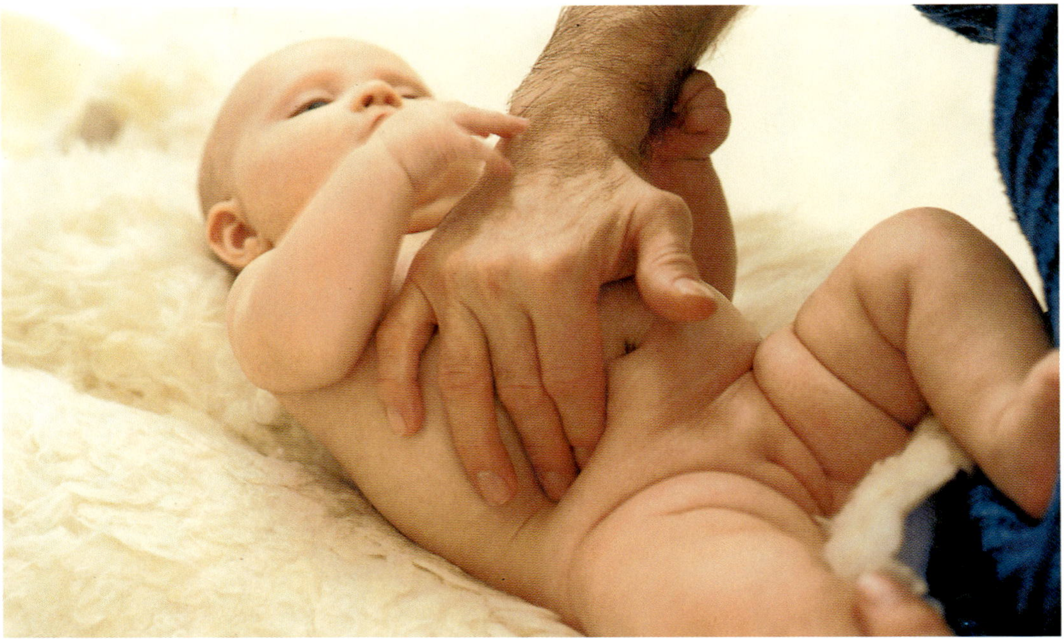

der Reaktion Ihres Kindes werden Sie schnell feststellen, welche Wohltat diese Massage für Ihr Baby sein muss.«

Der nächste Griff entspricht dem Griff auf der linken Körperseite des Babys; es ändert sich nur die Handhaltung und somit auch die Massagerichtung. Die rechte Hand sollte mit der ganzen Fläche auf dem Bauchraum, die Fingerbeeren zwischen Beckenraum und Rippenbogen liegen, sodass die Finger zu uns selbst zeigen. Achten Sie darauf, dass Sie immer im Verlauf des Dickdarms massieren.

»Wenn Sie mit der Hand tief im Bauch massieren, können Sie Ihr Baby durch eine eigene, angestrengte Mimik dazu animieren, den Bauch anzuspannen, damit es durch den Gegendruck Ihre Hand wieder nach außen drückt. Vergessen Sie dabei nicht, mit Ihrem Schützling zu sprechen.«

Heiße Hände

Als Abschluss der Bauchmassage legen Sie die sogenannten »heißen Hände« auf den unteren Rippenbogen und lassen sie dort einen Moment lang ruhen.

KOPF (SPECIAL)

Legen Sie die Fingerspitzen leicht gespreizt auf die Scheitellinie, und ziehen Sie dann die Finger mit mäßigem Druck seitlich am Kopf entlang zum Ohr hin. Dabei sollte der Druck der Finger zum Ohr hin allmählich abnehmen, und die Finger sollten beim Ohr den Kontakt zum Kopf verlieren.

Dieser Griff soll die Zirkulation zwischen Gehirn und Rückenmarksflüssigkeit im natürlichen Rhythmus unterstützen.

Eins, zwei, drei,
es kommt
ein Fuder Heu,
es kommt
ein Fuder Mandelkern,
die isst's Mareile
gar so gern.

Eins, zwei, drei,
Butter auf den Brei,
Salz auf den Speck,
die Maus
läuft um die Eck.

Mein, dein, sein,
der Tisch ist noch rein,
der Magen ist leer
und brummt
wie ein Bär.

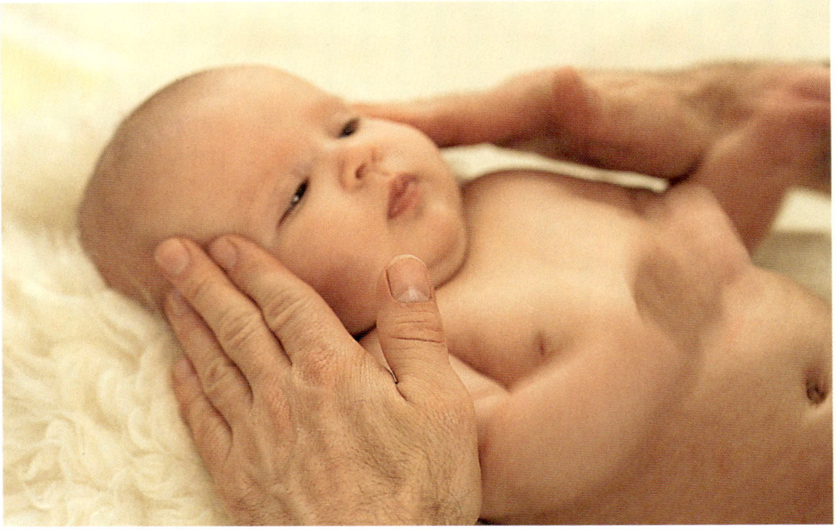

Gesicht (Special)

Folgen Sie beim Streicheln des Gesichts seiner ganz natürlichen Faltenbildung. Von der Stirn aus streichen Sie seitlich nach außen.

»Versuchen Sie mit diesen Griffen, dem Kind auch Spiel und Spaß zu vermitteln.«

Langweg,
Breitweg,
Kreuzweg,
Ellenbogen –
an der Nase gezogen.

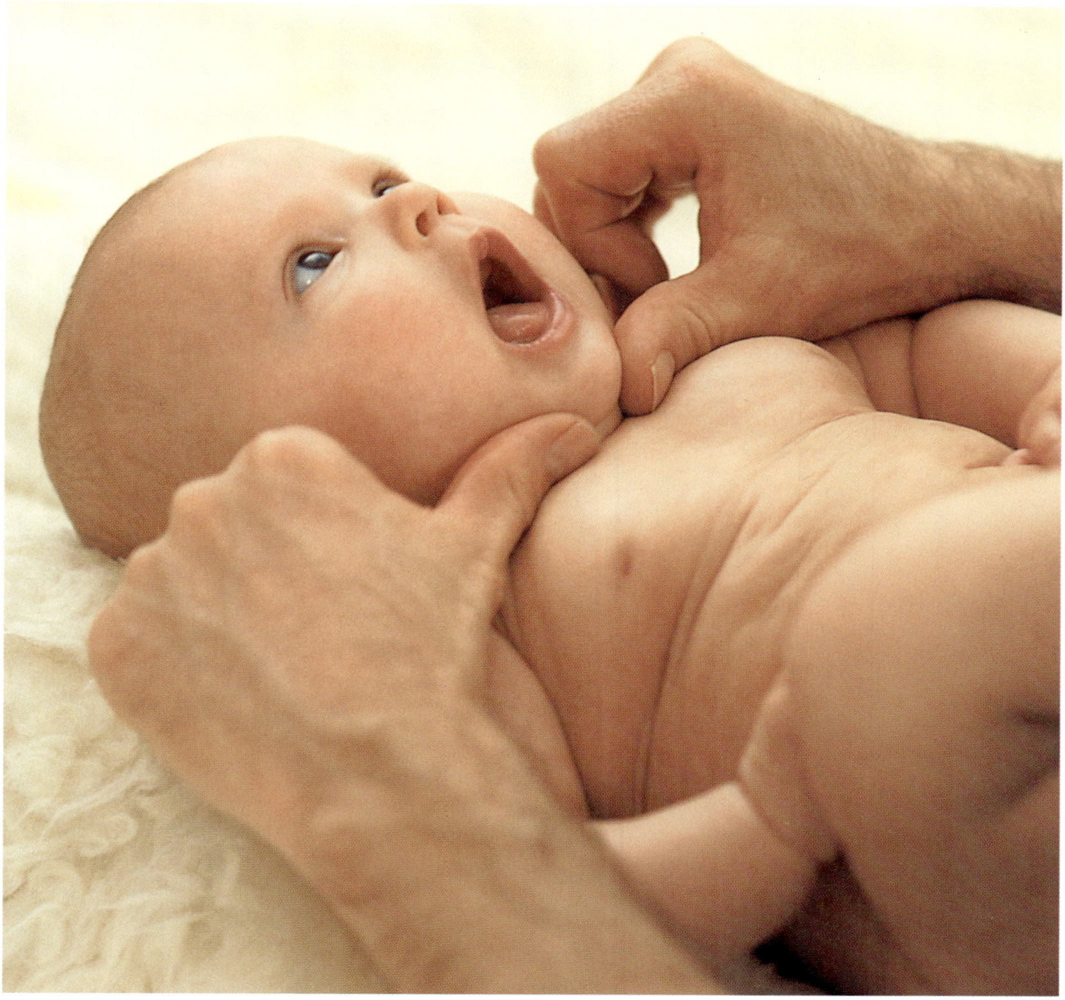

Der Massageverlauf unter den Augen geht leicht nach unten. Von der Kinnspitze aus wird am Unterkiefer entlang mit sanftem Druck in Richtung der Ohren ausgestrichen.

Ohr (Special)

Beginnen Sie nach dem Ohrläppchen, den Ohrrand knubbelnd nach oben zu massieren. Ein Finger muss bei diesem Griff auf dem Ohrrand liegen, der andere hinter dem Ohr. Mit derselben Technik massiert man zum Abschluss noch das Ohrläppchen. Vergessen Sie das zweite Ohr nicht!

Übungen

Die Harmonische Babymassage wird immer mit spielerischen Übungen beendet. Beginnen Sie mit den Beinen: Ähnlich wie beim Schneidersitz überkreuzen Sie die Beinchen des Babys im Wechsel eher zum Bauch hin- als davon weggewendet.

Weißt du was?
Wenn's regnet,
wird's nass,
wenn's schneit,
wird's weiß,
und du bist
ein alter Naseweis.

Wiederholen Sie dann diese Übung mit den Armen des Kindes: Immer abwechselnd über Kreuz. Hierbei kommt es übrigens nicht darauf an, die kleinen Arme besonders weit zu öffnen. Wichtig ist das Überkreuzen auf dem Brustkorb mit leichtem Druck. Als dritter Teil der Übungen kreuzen Sie noch jeweils ein angewinkeltes Beinchen zur gegenüberliegenden Hand des Babys.

Wie die anderen Massagegriffe auch, können Sie diese Übungen etwa 20-mal wiederholen.

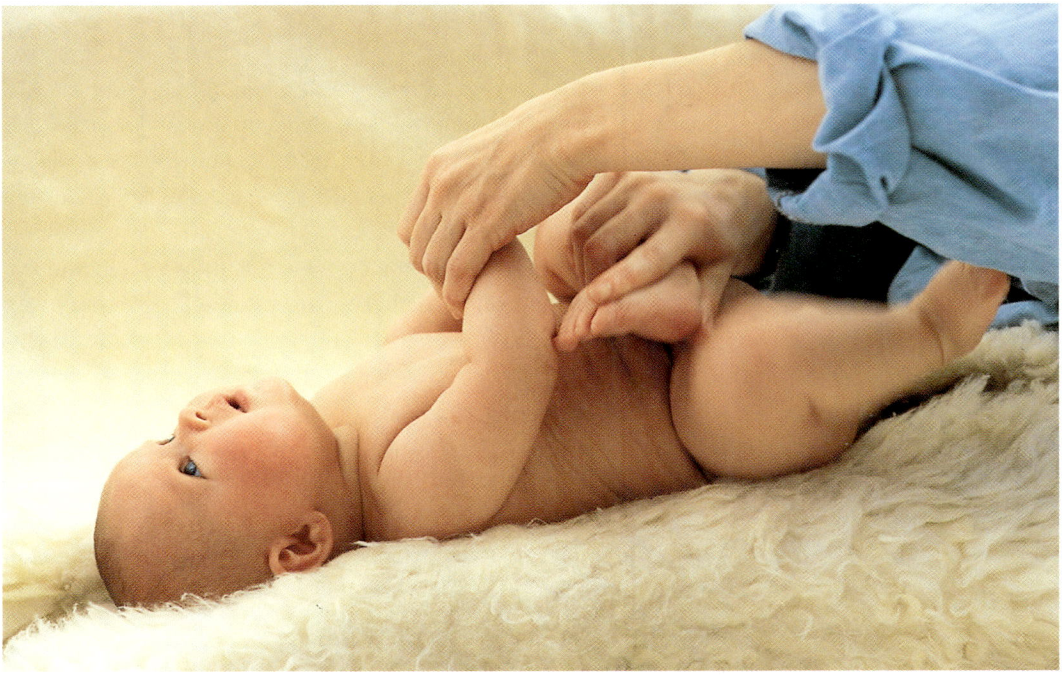

»Haben Sie keine Angst, wegen der zum Teil etwas extrem anmutenden Körperhaltungen, die Sie selbst beim Baby während der Übungen provozieren. Denken Sie daran, dass Ihr Kind ja auch ganz natürlich seine Zehen bis zum Mund befördert! Der Körper der Kleinen ist noch viel geschmeidiger und biegsamer als man denkt, und diese Übungen entsprechen sogar einem natürlichen Verlangen des Babys.«

ABSCHLUSS DES MASSAGEKURSES

Das Ende der Babymassage können Sie ganz individuell gestalten. Auf keinen Fall sollte das Ende Ihrer harmonischen Zweisamkeit abrupt geschehen. Achten Sie dabei auf die Gegebenheiten. In welcher Stimmung befindet sich Ihr Kind?

Wenn das Kind Hunger hat

Signalisiert Ihr Baby, dass es nun hungrig geworden ist, so kann das Stillen oder Füttern mit der Flasche ein schöner befriedigender Abschluss der Massage sein.

Wenn das Kind unruhig ist

Ihr Baby ist nach der Massage unruhig geworden. Sie können nun als Abschluss eine beruhigende Maßnahme wählen. Nehmen Sie das Baby auf den Arm und tragen Sie es durch den Raum, gehen Sie dabei mit einem schaukelnden Rhythmus, streicheln Sie Ihr Kind dabei oder summen oder singen Sie ihm leise etwas vor.

Diese Möglichkeit ist sowohl für eine gestresste Mutter als auch für ein unruhiges Kind die beste Maßnahme, denn bei dieser Bewegungsart findet ein positiver Energieaustausch zwischen Mutter und Kind statt. Durch das rhythmische Gehen wird der Austausch so reguliert, dass Mutter und Kind einen ausgeglichenen Zustand erreichen. Ein Kind reagiert meist sehr schnell positiv auf die schaukelnde Bewegung.

Wenn das Kind müde ist

Ihr Kind ist nach der Massage richtig müde geworden und eingeschlafen. Decken Sie es mit einer Decke zu und lassen Sie es ein Weilchen so schlafen. In der Regel schlafen Babys nach der Massage auch gut weiter, wenn sie erst nach einer Weile angezogen werden. Lassen Sie Ihrem Kind Zeit, etwa 15 bis

20 Minuten, um einen tieferen Schlaf zu finden. Wenn Sie es dann anziehen, wird Ihr Kind ohne größere Schwierigkeiten weiterschlafen

Wenn Sie es anziehen, gehen Sie ganz normal mit dem Baby um. Sie brauchen es nicht übervorsichtig zu behandeln. Sagen Sie dem Kind: Nun leg ich dich ins Bett, damit du weiter schlafen kannst.

Regen,
Regentröpfchen,
es regnet
auf mein Köpfchen,
es regnet
in das grüne Gras,
da werden meine
Füßchen nass.

Wenn das Kind aktiv ist

Nach der Massage macht Ihr Baby einen zufriedenen, wachen und aktiven Eindruck. Nun empfiehlt es sich, eine kleine Spielrunde einzulegen. Je nach Alter des Kindes können Sie mit ihm singen, spielen – Nachahmungs- oder Fingerspiele – oder mit ihm herum krabbeln. Das Baby wird begeistert das nachahmen, was Sie ihm vormachen – und dabei viel lernen.

Im Sommer kann auch eine Spazierfahrt ein wunderbarer Abschluss der Babymassage sein. Das Kind kann seine Aktivität durch Schauen und Wahrnehmen ausleben und wenn es müde ist, so ist das Schaukeln im Kinderwagen genau das richtige Mittel, um in einen zufrieden stellenden Schlaf zu sinken.

Viele Eltern fahren mit ihren Babys nur mittags oder nachmittags spazieren. Dabei ist es im Sommer besonders gut, auch in der Abendstimmung eine Ausfahrt zu unternehmen. Erwachsene kennen die wohltuende Wirkung eines Abendspazierganges vor dem Einschlafen. Bei einem kleinen Kind ist diese Wirkung genauso positiv, wird aber häufig gar nicht bedacht.

Die Stimmung in der Natur an einem warmen Sommerabend ist auch für Babys sehr anregend. Sie spüren die warme, milde Luft und nehmen den Gesang von Vögeln und das besondere Licht wahr. Diese Möglichkeit des Massageabschlusses sollte man sich nicht entgehen lassen.

DIE REFLEXZONEN BEHANDELN

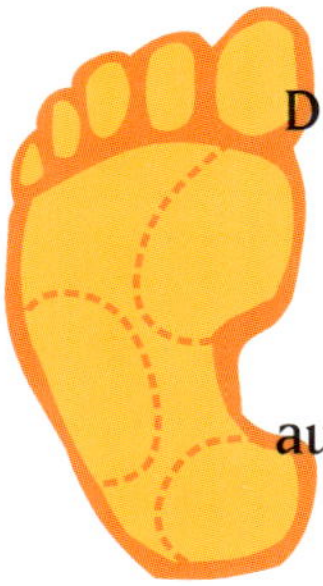

Die Stimulierung der Reflexzonen bietet die wunderbare Möglichkeit, direkten Einfluss auf bestimmte Organe zu nehmen.

»WIDERSPIEGELUNG« BESTIMMTER KÖRPERTEILE

Reflexzonen sind Haut- oder Muskelgebiete mit einer inneren Verbindung zu einem anderen Körperteil. Das können Gelenke oder Organe sein wie, z. B. Knie, Knöchel, Magen, Darm oder Niere. Man kann sagen, dass Reflexzonen die Widerspiegelung eines bestimmten Körperteils in einem anderen Körpergebiet sind. Um den positiven Einfluss der Reflexzonenmassage nutzen zu können, brauchen Sie aber nicht zu wissen, welche Haut- und Muskelbereiche mit welchen Organen korrespondieren.

Die richtigen Reflexzonen finden wir oft ganz intuitiv

Öfter als wir denken, behandeln wir ganz instinktiv unsere Reflexzonen, ohne uns dessen bewusst zu sein.

Klopfen Sie nicht auch ganz automatisch Ihrem Baby nach dem Stillen auf den Rücken, damit es überschüssige Luft leichter aufstoßen kann? Der Grund ist, dass eine Reflexzone für den Verdauungstrakt am fünften Rückenwirbel liegt.

Ein anderes Beispiel: Beim Nasenbluten nutzen wir die reflektorische Verbindung vom Nasen-Rachenraum zum Nacken, wenn wir ein nasses, kaltes Tuch ins Genick legen, um die Blutung zu stoppen.

Das Wissen um Reflexzonen kann also bei der Behandlung der unterschiedlichsten Beschwerden helfen. So können durch Massage und Dehnung der Waden die typischen Schulkopfschmerzen bei Kindern behandelt und beseitigt werden, weil die Waden in reflektorischer Verbindung zum Gehirn stehen.

Wann immer wir also unsere Kinder massieren oder einfach berühren, wird nicht nur ein Haut- oder Muskelbezirk stimuliert, sondern auch eine Reflexzone. Das ist auch der Grund, warum gewisse Körperteile bei der Harmonischen Babymassage besonders ausführlich und genau massiert werden, z. B. Füße, Hände und Ohren.

LEBENSENERGIE ANREGEN

Die Massage der sogenannten »Reflexzonen« z. B. an Händen und Füßen regt auch bei kleinen Kindern den Fluss der Lebensenergie an. Über »Energiebahnen« stehen diese bestimmten Bereiche mit dem ganzen Menschen in Beziehung. Die Reflexzonen-Massage bietet die wunderbare Möglichkeit, die körpereigenen Heilkräfte zu aktivieren, sodass der Organismus sich selbst helfen kann und die Lebensenergie wieder ungehindert zu fließen beginnt.

Hände und Füße

Die Hände und die Füße eines jeden Menschen sind das »Abbild« des gesamten menschlichen Körpers, sozusagen im Kleinen. So erklären es die Fachleute in

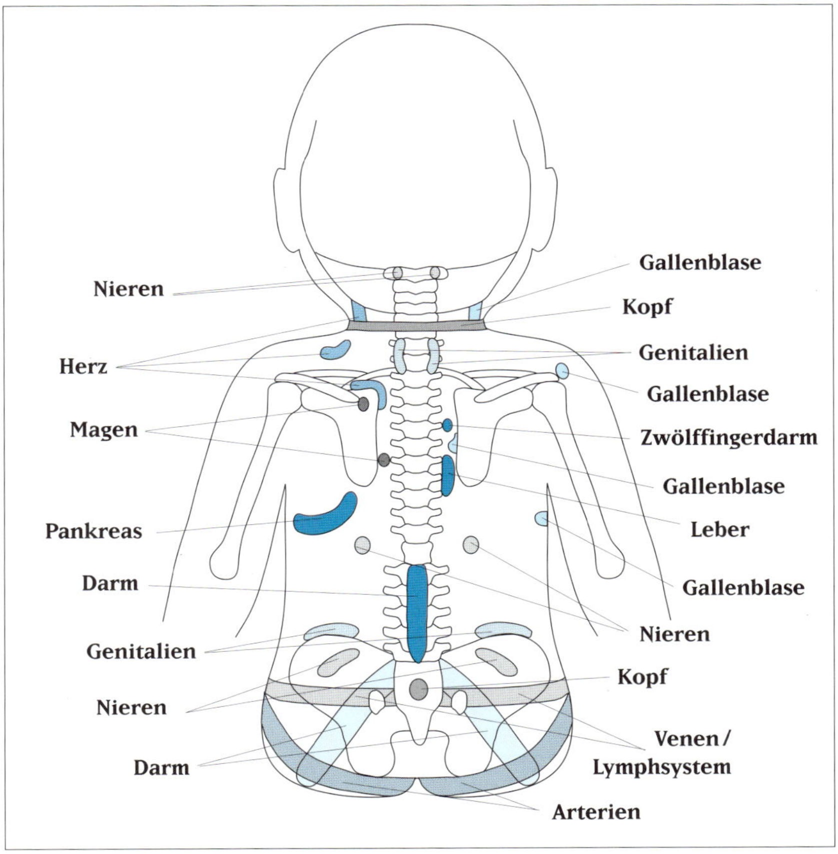

Eine Auswahl an Reflexzonen aus der Bindegewebsmassage bzw. der Neuraltherapie als kleine Übersicht über die vorhandenen Reflexzonen im Rückenbereich.

Sachen Reflexzonen zumindest allgemein verständlich und sehr anschaulich mithilfe dieses Bildes.

Massiert werden hier bestimmte Punkte an Händen und Füßen, die andere Körperbereiche repräsentieren. Die Massage dieser bestimmten Hautbezirke bewirkt in den dazugehörenden Körperteilen bestimmte, heilsame Reaktionen.

Auch andere Massageformen wie zum Beispiel die Bindegewebsmassage, geht von reflektorischen Zusammenhängen zwischen den Reflexzonen und zugeordneten Organen aus und arbeitet so. Wenn man sich überlegt, dass die riesige Anzahl von ungefähr 70 000 Nervenenden an den Füßen endet, wird die Wirksamkeit der Reflexzonenmassage an den Füßchen eines Babys oder Kleinkindes erst recht vorstellbar!

REFLEXZONEN IN DER BABYMASSAGE

In der Babymassage ist die Zielrichtung bei der Behandlung der Reflexzonen allerdings anders: Hier geht es mehr um eine generelle Stimulation des gesamten Organismus, als um eine gezielte Therapie.

Deshalb ist es unwesentlich, dass der Massierende bei einem Kind weiß, wo sich genau welche Reflexzonen befinden.

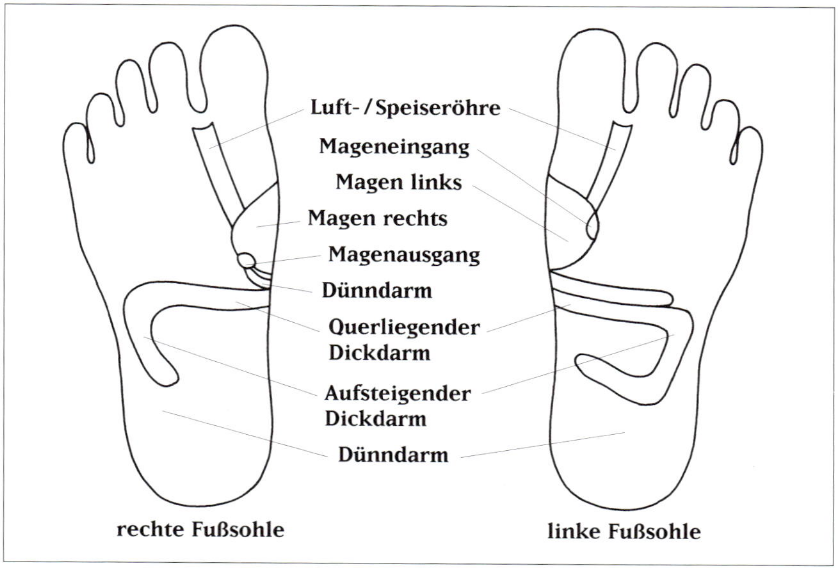

Es geht vielmehr darum, den gesamten Fuß (die Hand und das Ohr), systematisch »durchzuarbeiten«, denn dadurch werden beim Baby ganz automatisch alle Reflexzonen erfasst und stimuliert. Ohne dass wir uns also speziell um die eine oder andere Reflexzone kümmern, wird der gesamte, kleine Mensch behandelt.

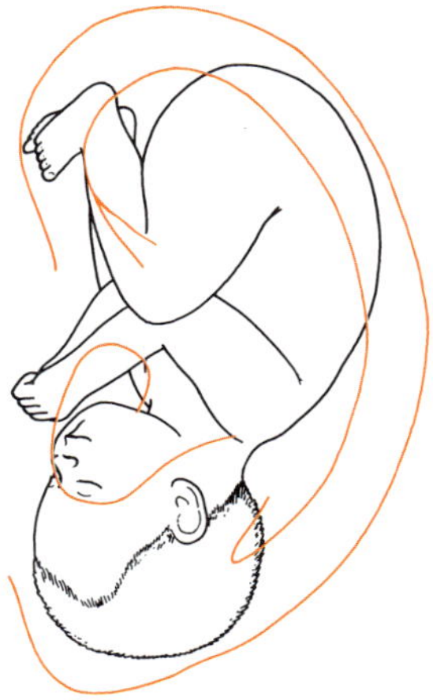

Was bewirkt die Massage von Reflexzonen?

Es wird eine deutlich bessere Durchblutung der Reflexzone und des damit in Verbindung stehenden Körperteiles erreicht. Das heißt gleichzeitig, dass mehr Sauerstoff zugeführt wird; ebenso wird der Stoffwechsel aktiviert.

Gerade bei Säuglingen ist es wichtig, dass neben der guten Durchblutung dabei auch die Selbstheilungskräfte des kleinen Körpers aktiviert werden. Diese Selbstheilungkräfte dienen dann nämlich als Prophylaxe gegen Krankheiten, helfen aber auch bei der Wiederherstellung der Gesundheit.

Sie sind ausschlaggebend bei der Entwicklung der eigenen Persönlichkeit, und fördern daneben entscheidend die körpereigenen Entwicklungsprozesse des Säuglings.

Wie funktioniert das?

Was heute bereits bei der Bindegewebsmassage wissenschaftlich erklärbar ist, funktioniert in ähnlicher Weise auch bei allen anderen Reflexzonenanwendungen.

Bei der Technik der Bindegewebsmassage funktioniert das so: Jede organische Störung wird über einen Nerv zu einem dazugehörenden Muskel-Hautbezirk weitergeleitet und bewirkt dort eine Veränderung des sogenannten Hautwiderstandes, der elektronisch messbar ist.

Durch diese organischen Störungen entstehen Muskelverhärtungen und Verklebungen in den Bindegewebschichten, die dann zum Störfaktor der Reflexzone werden. Werden nun in dieser Bindegewebs-Reflexzone durch Massage Heilimpulse gesetzt, so werden diese über die Nerven zum entsprechenden, dazugehörenden Organ weitergeleitet und sorgen dort für eine erhöhte Durchblutung und eine Aktivierung der Selbstheilung.

Genau erklärbar ist also dieser Mechanismus bei der üblichen Bindegewebsmassage. Wie es aber genau bei der Reflexzonenmassage an den Füßen funktioniert, ist heute noch ein Geheimnis!

ÄTHERISCHE ÖLE UND IHRE WIRKUNG ÜBER DIE FUSSREFLEXZONEN

Bei der Verwendung von ätherischen Ölen denkt man zunächst meistens an eine Anwendung und Wirkung über den Geruchssinn. Bekannt ist, dass die Duftmoleküle über die extrem geruchsempfindliche Riechschleimhaut der Nase aufgenommen werden.

Dass ätherische Öle aber auch über Reflexzonen ihre Wirkung entfalten, ist weit weniger geläufig. Aromatherapeuten fanden nämlich heraus, dass die ätherischen Öle auch ganz gezielt über die Fußreflexzonen eingesetzt werden können. Es ist inzwischen erwiesen, dass die Wirkstoffe der ätherischen Öle, die im Hautbereich verwendet werden, nach wenigen Augenblicken im Blut wieder zu finden sind. Diese Erkenntnis bestärkt uns darin, dass die Anwendung dieser Öle aus dieser Sicht auch bei der Harmonischen Babymassage durchaus ihren Sinn hat.

Normalerweise wird bei der klassischen Anwendung der Fußreflexzonenmassage kein Öl verwendet. In der Harmonischen Babymassage allerdings werden alle Körperteile, also auch die Füße und Hände mit Öl massiert, sodass die Wirkung der darin enthaltenen ätherischen Öle über die Reflexzonen ganz automatisch zustande kommt. Interessant dabei ist, dass die Fußsohle einem gewissen Schutzfilter gleicht. Das heißt, dass nur die für den Körper günstigen Wirkstoffe in den Organismus gelangen können.

Erfahrungen aus der Praxis haben immer wieder gezeigt, dass eine einfühlsame Massage der Reflexzonen auf geheimnisvolle Weise, aber trotzdem sehr wirksam Blockaden und Verspannungen lösen kann und Energien wieder frei strömen lässt.

Es kann nicht oft genug gesagt werden, dass die Betonung hier auf dem Wort »einfühlsam« liegt! Die »einfühlsame« Berührung nämlich ist das Geheimnis der gesamten Babymassage, die dann Entspannung bringt und so auch ein Symbol für Zuneigung und Liebe ist.

WICHTIG FÜR DIE MASSAGE

Sie können die Massage durch den Einsatz von Klangformen, Farben und Düften abrunden.

WECKEN SIE ALLE SINNE IHRES BABYS

Duft, Farbe und Musik runden die Harmonische Babymassage auf ganz natürliche Art und Weise ab. Sie haben eine harmonische Wirkung durch ihre Stimulanz auf die Sinne des Kindes. Dadurch unterstützen Sie die Entwicklung des Kindes, denn das Gehirn ist nicht einem automatischen Wachstum unterworfen sondern braucht Anforderungen.

Positive Reize stimulieren

Alle Sinneswahrnehmungen, die auf ein Baby oder auch auf einen erwachsenen Menschen einströmen, haben wesentlichen Einfluss auf das Gehirn und dessen Leistungsfähigkeit, genauso wie auch auf die Entfaltung der Persönlichkeit.

Die Leistungsfähigkeit eines Menschen ist natürlich auch immer davon abhängig, wie viel positive Reize und wie viel Stimulation er in der Wachstumsphase erfährt. Je vielseitiger und breit gefächerter die Anforderungen sind, umso größer werden auch die Möglichkeiten und Fähigkeiten des Gehirns und der eigenen Persönlichkeit sein.

DUFT

Schon in den allerersten Minuten auf dieser Welt wirken Düfte und Gerüche auf uns ein. Der Säugling erkennt seine Mutter an ihrem Geruch und prägt ihn sich ein. Es entsteht ein erstes gemeinsames Liebesband zwischen Mutter und Kind. Düfte belehren und erziehen uns in den ersten Lebensjahren und begleiten uns dann das ganze Leben lang. Sie schärfen die Sinne, regen die Kreativität und die Lernbereitschaft an.

Das Riechen steht in Verbindung mit dem sogenannten Limbischen System des Gehirns. Dies ist auch das Zentrum für Gefühle, Erinnerungen und Lernverhalten. Sowohl das Riechen wie auch das Tasten geschehen nicht immer bewusst, sondern auch unbewusst und wirken so tief in die Strukturen der Persönlichkeit hinein.

»Wenn Sie sich an alte Filme erinnern, fallen Ihnen vielleicht ein paar Szenen ein, in welchen man Bewusstlosen ein Riechsalz unter die Nase hielt, damit sie wieder das Bewusstsein erlangten.«

Düfte können wir bei der Babymassage durch ätherische Öle im Massageöl einsetzen. Eine andere Möglichkeit ist, die Aromen mit Hilfe von Duftlampen zu verteilen. Allerdings muss hier ernsthaft vor Übereifer gewarnt werden! Ätherische Öle haben durchaus ihre Wirkung und sie sind zum Teil wie Heilmittel oder Medikamente zu handhaben.

Wenn Sie intensiver mit ätherischen Ölen arbeiten wollen, empfiehlt es sich auf jeden Fall, sich in entsprechenden Fachbüchern schlau zu machen (siehe Anhang). Vielleicht ist auch Ihre Hebamme Fachfrau auf diesem Gebiet und kann Ihnen ein paar Tipps und entsprechende Anleitungen geben.

»Gehen Sie wirklich achtsam und sorgfältig mit den ätherischen Ölen um! Ein Beispiel: Hustensaft wird auch nicht ständig getrunken, weil er einfach so gut schmeckt, sondern nur, wenn er wirklich nötig ist und dann auch nur wohl dosiert.«

Einige der gebräuchlichsten Öle für Kinder:

Lavendel *Ein gutes Einstiegsöl, beruhigt und gleicht aus. Bei Insektenstichen oder Verbrennungen direkt auf die Haut geben.*
Mandarine *Entspannt die Muskulatur, wirkt appetitanregend, auflockernd und seine fruchtige Frische unterstützt eine gefühlsmäßige Leichtigkeit.*
Vanille *Besänftigt und gleicht aus bei Verzweiflungsgefühlen, bei innerer Gereiztheit und Ärger.*
Honig *Beruhigt und entspannt, ist gut geeignet bei empfindlicher und zu Entzündungen neigender Haut.*
Rose *Ein absoluter Edelduft. Harmonisiert auf allen Ebenen Körper, Seele und Geist.*
Sandelholz *Auch der heilige Duft des Orients genannt. Wirkt schleimhautregenerierend und krampflösend.*
Mandarine, Vanille und Honig *sind übrigens die Favoriten bei den kleinen Nasen.*

Wenn Sie wissen, wie Sie wann welche ätherischen Öle anwenden können, ist das eine wunderbare Möglichkeit für Sie und Ihr Kind, negative Stimmungen und körperliche Beschwerden positiv zu beeinflussen. Bitte, sparen Sie nicht und verwenden Sie nur qualitativ hochwertige Öle aus dem Fachhandel (siehe Anhang). Die Haut Ihres Babys wird es Ihnen danken.

Bei der Harmonischen Babymassage verwenden wir auch ganz einfache und natürliche Düfte. Suchen Sie ganz naturbelassene Duftträger, die sogar bei einem eventuellen Verzehr ungefährlich sind. Zum Beispiel: unbehandeltes Obst und Gemüse wie Apfelschalen, Birnenschalen, Fenchel- oder Karottenkraut. Auch milde Kräuter wie Petersilie, Melisse, Majoran und Oregano eignen sich dafür. Und nicht zu vergessen die Urdüfte wie Gras, Heu, Tannenzweige und Ähnliches.

Reiben Sie einen dieser Duftträger zwischen Ihren Handflächen und legen Sie ihn dann beiseite. Der Duft verbleibt in Ihren Händen, sodass Sie ihn anschließend in eine Stoffwindel oder in das Lieblingstuch Ihres Kindes einkneten können. Lassen Sie es später damit spielen oder damit in seinem Bett liegen. Ihr Kind bekommt so auf ganz natürliche Art und Weise eine sanfte Dufterfahrung. Man sollte immer etwa 3 bis 4 Tage bei der Anwendung eines Dufts bleiben und erst danach zu einem anderen überwechseln.

Anwendung der Düfte in der Duftlampe

Verwenden Sie nie mehr als zwei bis fünf Tropfen, wenn Sie ätherische Öle über die Duftlampe verdampfen lassen und achten Sie darauf, dass die Lampe genügend Abstand zum Kind hat. Ob Sie einzelne Duftnoten oder Fertigmischungen verwenden, bleibt ganz Ihnen überlassen. Wichtig ist wirklich nur, dass Sie nicht zu viel nehmen. Die ätherischen Öle haben auch durchaus ihre Wirkung, wenn sie nicht übermäßig wahrnehmbar sind.

Urdüfte und Naturduftträger

Älteren Kindern, die schon greifen gelernt haben, können Sie zwischendurch auch einen Gemüse- oder Obstschnitz geben. Das ermöglicht ihnen ganz natürliche und frische Düfte kennen zu lernen und zu begreifen.

Anwendung der Düfte im Massageöl

Beginnen Sie immer mit einer sehr geringen Menge eines ätherischen Öles, besonders dann, wenn Sie noch keine ausreichende Erfahrung im Umgang damit haben. Maximal 1 % sollte der Anteil des ätherischen Öles im Massageöl betragen.

Rezept: *50 ml Mandelöl*
50 ml Johanniskrautöl
3–5 Tropfen Mandarine grün
3–5 Tropfen Lavendel fein

Bedenken Sie, dass das Johanniskrautöl die Haut lichtempfindlich macht. Sie müssen das Kind also nach der Massage vor direkter Sonneneinstrahlung schützen.

Das »einfache« Riechen ist für die kindliche Entwicklung außerordentlich wichtig und wird leider in seiner Bedeutung vielfach unterschätzt.

FARBE

Licht und Farben sind, wie die Musik auch, Schwingungen. Der Unterschied ist nur, dass sie eine wesentlich höhere Frequenz haben, das heißt, feinere und höhere Schwingungen. Die Schwingung der Musik können wir hören, die Schwingung der Farben können wir sehen: Die Wirkung ist also ganz ähnlich.

Bei der Harmonischen Babymassage werden Farben aus den gleichen Gründen eingesetzt wie Musik: Sie haben einen großen Einfluss auf unser Befinden. Und sie sind eine weitere Möglichkeit, einen ganz besonderen Zugang zu dem Baby zu finden.

Eine Lieblingsfarbe ist aber nicht nur abhängig vom jeweiligen Menschen, sondern auch vom Zeitpunkt. Ein Kind »weiß« genau, wann es welche Farbe

braucht. Mit Hilfe verschiedener Gegenstände können Eltern herausfinden, welches im Moment die Lieblingsfarbe ihres Babys ist, und ihm diese dann in Form von Kleidung, Bettwäsche oder Spielsachen zur Verfügung stellen.

Die Fähigkeit Farben zu sehen, muss sich beim Säugling erst entwickeln. Rot ist die erste Farbe, die ein Baby sehen kann. Ein Grund, warum die meisten Kinder begeistert nach roten Spielsachen greifen. Die Entwicklung, auch andere Farben wahrnehmen zu können, kann nur in Gang kommen, wenn das Baby auch Gelegenheit hat, diese Farben zu sehen. Man sollte Kindern also ein möglichst breites Spektrum an Farben anbieten. Interessanterweise hat sich herausgestellt, dass sich viele Mütter intuitiv in der momentanen Lieblingsfarbe ihres Babys kleiden, was dessen Laune fördert!

»Passen Sie bei der Farbauswahl aber auf, dass ein bestimmter Farbton oder eine besondere Farbrichtung dominiert! Jede Farbe hat ihre ganz spezielle Wirkung. Wenn ein Kind zum Beispiel Spielzeug in allzu bunter Mischung präsentiert bekommt, kann es sein, dass eine Farbe die Wirkung der anderen aufhebt. Bei allzu großem Farbdurcheinander ist auch die Gefahr einer Sinnesüberreizung nicht zu unterschätzen. Außerdem gilt auch hier wie bei den Düften und der Musik: Eine ausgesuchte Farbrichtung ist etwa drei bis vier Tage lang beizubehalten.«

Welche Farben soll man für Babys verwenden? Wissenschaftler vertreten sehr verschiedene Ansichten, welche Farben oder Farbgruppen die positivste Wirkung auf Kinder haben. Die Vorstellungen der Fachwelt reichen dabei von reinen Pastelltönen bis hin zu knalligen Popfarben.

»Ich bin der Meinung, dass die Natur uns alle Farben richtig vorgibt. Wenn wir uns mit unseren Kindern vorwiegend draußen aufhalten, sehen sie automatisch das Blau des Himmels, das Grün der Wiesen und Bäume und das Gelb der Kornfelder. Diese Naturfarben empfehle ich immer wieder, wenn Mütter oder Hebammen mich danach fragen.«

Anwendung der Farben

Ihrer Fantasie sind hier kaum Grenzen gesetzt, wenn es darum geht, die Lieblingsfarben Ihres Kindes mit einzubeziehen.

Farben und ihre Wirkungen

Das Grün der Wiesen *ist beruhigend und harmonisierend.*
Das Blau des Himmels *gehört ebenso zu den beruhigenden und entspannenden Farben; wirkt im Vergleich zu grün schneller und intensiver.*
Das Gelb der Getreidefelder *stärkt die Konzentrationsfähigkeit, provoziert Freude und Leichtigkeit und wirkt nervenstärkend.*
Das Braun der Erde oder des Holzes *wirkt ausgleichend.*
Das Rot des Sonnenauf- oder -untergangs *motiviert, belebt und ist allgemein anregend.*
Orange *vereint die Wirkung von gelb und rot in sanfter Form.*
Rosa *beruhigt stark und wirkt schnell und intensiv. Vorsicht aber: Bei intensiver und langer Anwendung kann die beruhigende Wirkung ins Gegenteil umschlagen und Unruhe und Aggressionen auslösen.*

Tragen Sie selbst die Farben, die Ihr Kind mag oder ziehen Sie es in seiner Lieblingsfarbe an. Eine andere Möglichkeit ist, farbige Bettwäsche zu benützen, sodass Sie das Kinderbett mit »seinen« Farben ausstatten können.

MUSIK

Klang und Musik sind lebensnotwendig. Musik kann heilen, wie es z. B. die Klangtherapie zeigt. Musik ist Schwingung. Manche Schwingungen erhöhen die Lebenskraft, andere schwächen sie, was zum Beispiel beim Dauerkonsum von bassreicher Rockmusik und synthetischer Musik der Fall sein kann.

Richtig ausgewählt und angewendet, kann sie aber eine Labsal für Körper, Geist und Seele sein. Es ist inzwischen belegt, dass akustische Einflüsse regenerierend auf das Gehirn und damit auf das Nervensystem wirken können. Die Zellen der Großhirnrinde können sich durch bestimmte akustische Signale regenerieren.

Babys lieben hohe Stimmen

Es sind insbesondere die hohen Frequenzen, die positiv wirken. Ganz instinktiv hebt jede Mutter ihre Stimme an, wenn sie mit ihrem Baby spricht oder Kontakt aufnehmen will. Hauptsächlich durch solche hohen Frequenzen, sei es nun in der mütterlichen Stimme, in der Natur oder in bestimmten Musikrichtungen, bekommt unser Nervensystem – übrigens zu 90 % über das Ohr – Energie zugeführt.

Zweifelsohne ist die menschliche Stimme der beste Tonträger, danach ein Originalinstrument. Bei der Babymassage greifen wir natürlich auch auf Musik »aus der Konserve«, also auf künstliche Tonträger wie Kassetten oder CDs zurück. Geeignet sind Stücke mit wenigen Instrumenten, klassische europäische und indische Musik, in der viele Obertöne mitschwingen.

Alte Kinder- und Wiegenlieder sind ein wunderbares Mittel, die Harmonische Babymassage abzurunden. Besonders schön ist es natürlich für Ihr Kind, wenn Sie mitsingen. Es hört Ihre vertraute Stimme und fühlt sich aufgehoben und wohl.

Im Mutterleib »Musik« gehört

Um die Bedeutung der Musik in der Harmonischen Babymassage zu verstehen, versetzen wir uns einmal in die Lage des Kindes im Mutterleib. Dort hat es ein Leben in ständiger Bewegung, ganz gleich was die Mutter tut, ob sie sich setzt, hinlegt oder schläft.

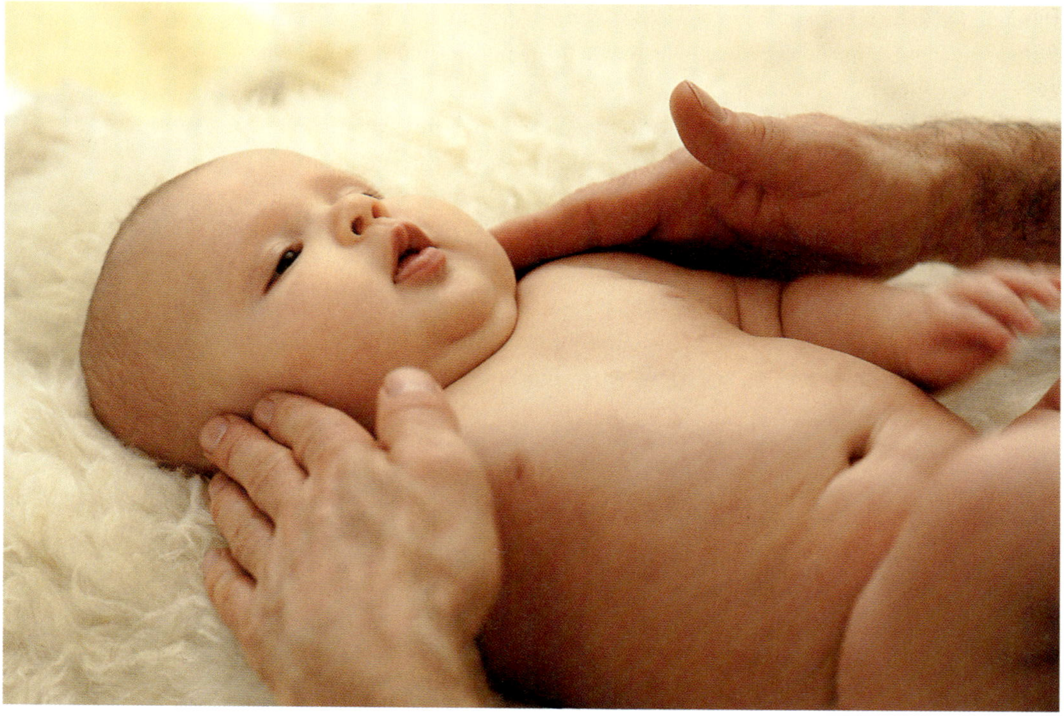

Das Kind erlebt ständige Berührung, gleichmäßige Wärme und wird von den rhythmischen, ganz natürlichen Geräuschen des Körpers der Mutter umgeben. Es hört also eine wunderbare Sinfonie aus Herzklopfen, aus dem Pochen der Blutströme und aus anderen Organgeräuschen.

»Man muss sich einmal bewusst machen, wo der Übergang vom Leben im Mutterleib zum Leben nach der Geburt für das Kind besonders schwierig sein kann. Oft werden die Neugeborenen in starre, unbewegliche Kinderbettchen gelegt, die überhaupt keine Ähnlichkeit mehr mit der leichten, schwebenden Bewegung im Mutterleib haben. Viele übervorsichtige Eltern sorgen dann zu Hause für eine fast beängstigende, sterile Stille, wenn sie die Kleinen zum Schlafen gelegt haben. Die meisten Babys bekommen dann ein unerträgliches Gefühl des völligen Alleinseins und das löst natürlich Angst aus. Unaufdringliche Haushaltsgeräusche, leise Musik und normale Lautstärke bei Unterhaltungen sind also viel ›natürlicher‹ und schlaffördernder für das Kind.«

Das Verlangen nach Berührung und Wärme wird zum einen durch regelmäßige Pflege und Versorgung wie Wickeln, Stillen und Schmusen befriedigt und ganz gezielt durch die Harmonische Babymassage. Klänge, Musik oder Gesang sollten während der Massage und auch sonst immer wieder mitschwingen.

Singen, Verse aufsagen oder Geschichten erzählen sind eine wunderbare Quelle der Entspannung, auch beim Trockenlegen, Wiegen und Stillen. Wichtig ist dabei nicht der Gehalt der Worte, sondern der Klang der Stimme als solche. Ob Sie nun musikalisch sind oder nicht, ist dabei unerheblich. Trauen Sie sich zu singen oder wenigstens zu summen! Keine Stimme ist für das Baby beruhigender als die seiner Eltern. Wichtig allein ist, dass das Baby und die Mutter oder der Vater sich aufeinander einstimmen.

Auch zum Einschlafen eignet sich eine leichte, leise Begleitmusik. In den ersten Lebenswochen bringen fast alle Säuglinge Tag und Nacht durcheinander. Den richtigen Rhythmus, also Tagesaktivität und Nachtruhe, müssen sie erst finden. Sie können bei diesem Problem mit Musik unterstützend mitwirken, indem Sie am Tag beim Einschlafen verschiedene Musikstücke spielen und beim abendlichen Einschlafen immer dieselben wiederholen. Das Baby erkennt bald die immer gleiche Musik, die das Einschlafen signalisiert.

Anwendung von Musik

Gerade während der Massage entspannt ein gesungenes oder gesummtes Lied sowohl die Mutter als auch das Kind. Zum Einschlafen am Tag eignet sich Musik aus den Kategorien 1 bis 3, die allerdings nach 3 oder 4 Tagen wieder gewechselt werden sollte.

Legen Sie sich mit Ihrem Kind täglich zu einer festgelegten Zeit für etwa 5 bis 15 Minuten gemütlich hin und halten Sie Blickkontakt. Versuchen Sie, dem Kind zu erklären, dass Sie jetzt mit ihm Musik hören wollen. Schließen Sie dann die Augen und hören Sie konzentriert einer leisen Musik im Hintergrund zu. Das Kind wird mit dieser Übung immer mehr den Unterschied zwischen Aktivität und Ruhe, zwischen Spannung und Entspannung kennen lernen.

Beim abendlichen Einschlafen sollte man bei einer kleinen Anzahl verschiedener, sich aber wiederholender Melodien bleiben, die auch wirklich nur zum abendlichen Einschlafen gespielt werden. Gut geeignet ist hier Sandara-Musik, Meditationsmusik, Musik aus den Kategorien 1 und 2 oder Wiegenlieder.

Neben der richtigen Musikauswahl ist auch wichtig die richtige Lautstärke zu finden. Auch hier gilt: Weniger ist mehr. Wenn Sie als Erwachsener die

Empfehlenswerte Musik

1. ***Ruhige, klassische Musik:*** *Mozart, Beethoven, Bach.*
2. ***Barockmusik,*** *besonders langsame Sätze: Haydn, Vivaldi.*
3. ***Klassische indische Musik:*** *von Ravi Shankar (Sitar), Ali Akbar Khan (Sarod), Ramakant Patil (indische Flöte).*
4. ***Sandara Musik:*** *Planetentöne Erde, Sonne, Mond, nur Urtöne von Joachim Ernst Berendt, wobei die Urtöne 2 und 3 nicht für Babys geeignet sind (Adresse siehe Seite 95).*
5. ***Klangtherapie:*** *Klangstudio LAMBDOMA (Adresse siehe Seite 95).*
6. ***Meditationsmusik:*** *Keine künstlich erzeugte Musik, sondern nur Klänge von Originalinstrumenten wie Harfe, Klavier oder Originalaufnahmen von Naturgeräuschen.*
7. ***Kinder- und Wiegenlieder:*** *Selbst gesungen, gesummt oder auf Kassetten und CDs.*

Musik gerade noch ohne Mühe hören können, ist die Lautstärke für Ihr Kind ideal. Das Gehör des Babys ist nämlich wesentlich besser ausgeprägt als Ihres. Leise Musik fördert zudem besser das bewusste Zuhören.

Kinderreime und Wiegenlieder

Lange schon, bevor ein Kind zu sprechen beginnt, ist es in der Lage, Töne und Laute zu unterscheiden. Die Sprachmelodie und der Sprachrhythmus sind für das Kind wie ein Tor zu unserer Sprache. Ganz intuitiv singen Mütter seit jeher Lieder oder sagen ihren Kindern Reime auf, weil der Singsang und die verschiedenen Wortspiele den kleinen, aufmerksamen Zuhörern großen Spaß machen.

Vielfältige Versuchsreihen haben belegt, dass Kinder, denen man schon früh Schüttelreime aufsagte und Lieder vorsang, deutlich leichter und schneller sprechen lernen. Auch wenn sie noch nicht den Sinn der Worte eines »Backe-backe-Kuchens« oder eines »Ri-Ra-Rutsch« erfassen können, nehmen sie den Rhythmus, die Tonhöhen und die verschiedenen Laute wahr und lernen schon unbewusst zu unterscheiden.

Im Laufe der Zeit verstehen sie dann allmählich immer mehr den Inhalt der Reime und Lieder. Sie versuchen zuerst, die Vokale nachzuahmen, dann die Konsonanten. Dann ist es nur noch ein kleiner Schritt zum ersten »Mama« oder »Papa« und dann beginnt der Wortschatz ganz allmählich zu wachsen.

Erinnern Sie sich manchmal nicht auch? Plötzlich taucht ein fast in Vergessenheit geratener Reim im Gedächtnis auf, ein flüchtiges »Stöffele-Pantöffele« oder das beliebte »Ri-Ra-Rutsch«, und das weckt dann meist viele lieb gewordene, alte Erinnerungen an die eigene Kindheit.

In den ersten Lebensjahren erfährt ein Kind Musik hauptsächlich im häuslichen Bereich, in seiner nächsten Umgebung also. Es hört Stimmen und es hört sich selbst. Das Baby ist voller Neugier auf die Welt der Töne.

Wie faszinierend ist es dann erst für die Kleinen, wenn die Eltern singen oder ihnen Lieder vorsummen. Alle Kinder lieben es, am Abend in den Schlaf gesungen zu werden. Auch tagsüber ist Singen eine wunderbare Möglichkeit für Eltern und Kinder gemeinsam eine entspannende Pause einzulegen. Das festigt den Kontakt und die Nähe zum Kind und trainiert die kleinen Ohren, auch für die feinen Zwischentöne offen zu sein.

Das Ohr repräsentiert eines der wichtigsten Sinne. Gerade in einer Zeit, in der tausende von Geräuschen auf Kinder einwirken, gewinnt das bewusste Zuhören an Bedeutung. Viele Kinder müssen erst wieder richtig hören lernen. Die häusliche Umgebung ist ein guter Platz, um das Kind zum bewussten Hören hinzuführen.

GLEICHGEWICHT UND RHYTHMUS

Rhythmus ist das Urprinzip der gesamten Schöpfung und begegnet uns in allem Lebendigen.

URPRINZIP DER SCHÖPFUNG

Was viele nicht wissen: Rhythmus ist nicht nur wie allgemein oft angenommen ein Merkmal der Musik. Rhythmus ist vielmehr das Urprinzip der ganzen Schöpfung und kehrt in der Natur immer wieder. Der Rhythmus bestimmt nicht nur Tag und Nacht eines Menschen sondern das ganze Leben.

In den Rhythmus hineinwachsen

Wenn wir uns eine Welle bildhaft vorstellen, haben wir es immer mit einem Wellenberg und einem Wellental zu tun. Das heißt, dass jede Form der Welle ihren eigenen Gegensatz hat. Diese Gegensätze sind lebensnotwendige Naturprinzipien. Große Rhythmen in der Natur sind zum Beispiel Sommer und Winter, Tag und Nacht, Wachen und Schlafen.

Unser heutiges hektisches und modernes Leben entspricht oft nicht mehr diesen naturgegebenen Rhythmen. Regelmäßiges Essen und Trinken, von der Natur aus vorgegebene Ruhezeiten sind kaum noch gültig.

Das Leben in früheren Zeiten war den Rhythmen ganz selbstverständlich angepasst. Der Sommer war die Zeit der höchsten Aktivitäten, der Winter die Zeit der Ruhe; die langen Nächte sorgten ganz natürlich für reichlich Schlaf und Erholung.

Auch ein Baby muss langsam in den Rhythmus der Natur hineinwachsen und es ist die Kunst der Eltern, dem Kind dabei zu helfen, den Weg in diese äußeren Rhythmen zu finden. Die wichtigsten Rhythmen für Babys sind Unterschiede zwischen Tag und Nacht, Essen und Schlafen. Das Kind braucht diese Rhythmen, um Sinneseindrücke zum einen aufzunehmen und zum anderen in Ruhe zu verarbeiten. Darauf stellen sich mit der Zeit auch die Organe ein, die wie der gesamte Organismus ihre Hoch- und Tiefphasen haben.

In unserer Zeit erscheint es immer wichtiger darauf hinzuweisen, wie durch negative Überlastung mit akustischen, visuellen und taktilen Reizen natürliche Rhythmen entgleiten. Ständige Sinnesüberflutung ohne den dazugehörenden Gegenpol, nämlich eine entsprechende Ruhephase, führt zu massiver Überlastung, die zu Blockaden bei der Persönlichkeitsentfaltung des Babys führen.

Achten Sie darauf, sich möglichst aktiv zu entspannen

Unter aktiver Entspannung ist immer eine bewusste Entspannung zu verstehen. Zum Beispiel bewusst Musik hören und nichts anderes tun, als sie auf sich wirken zu lassen.

Auch das Betrachten der Natur oder das Lauschen des Vogelzwitscherns bei einem Abendspaziergang sind bewusste Entspannung. Im Gegensatz dazu steht die passive Entspannung bei einem Mittagsschlaf oder wenn Sie sich einfach nur hinlegen, um sich auszuruhen.

Halten Sie die festen Zeiten Ihres Tagesablaufs ein

Ein konkreter Tagesplan, den Eltern sich individuell erstellt haben und möglichst konsequent einhalten, ist die beste und sicherste Hilfestellung, dem Baby das Einleben in Rhythmen zu erleichtern.

»Natürlich verstehe ich, wie schwer es einer Mutter fallen muss, zum Beispiel ihr schlafendes Kind für einen Spaziergang auf-

> *zunehmen und zu richten. Trotzdem aber empfehle ich, diese »Unannehmlichkeiten« zu überwinden. Hier sollte der Blick wirklich über die momentane Situation hinausgehen. Das Verhalten Ihres Kindes wird dann dementsprechend geprägt sein.«*

Auch wenn der Zeitplan nicht immer mit dem aktuellen Verhalten des Babys übereinstimmt, ist er vorrangig! Halten Sie sich trotzdem an Ihren festen Plan, denn nur so kann ihr Kind lernen, sich an Rhythmen zu gewöhnen und sie allmählich zu »lernen«!

RHYTHMEN FÜHREN ZU EINEM INNEREM GLEICHGEWICHT

Rhythmus in Form von (Tages-)Abläufen bietet dem Kind eine verlässliche Struktur des Lebens, eine Berechenbarkeit und damit auch Sicherheit. Das ist besonders wichtig für die innere Ausgeglichenheit. Aber Rhythmus ist gleichzeitig auch die allererste Begegnung des Kindes mit der Musik.

Denken Sie an die wohltuende Wirkung von Musik auf innere Angespanntheit. Um Kinder zu beruhigen, unterstützen wir von selber die Musik oder ein Lied mit gleichmäßigem Wiegen, indem wir es hochnehmen und uns zum Rhythmus der Musik bewegen. Der Rhythmus lässt sich zur großen Freude der Kinder auch so schön selber mit dem Körper wiedergeben.

Die bei Babys so beliebten Reime, Verse und Fingerspiele werden anfangs nur über den Rhythmus erkannt. Die Wörter versteht das Kind noch nicht,

Folgende Dinge im täglichen Leben mit einem Baby sollten »ihren« Zeitpunkt haben:

- *Mahlzeiten*
- *Schlafenszeiten oder Ruhephasen*
- *der tägliche Spaziergang*
- *die Massage*
- *Baden*
- *Spielen und aktive Zuwendung*
- *»aktive« Entspannung und Ruhe mit dem Kind*

aber es hat Freude am Klang und an der Sprachmelodie. Langsam lernt es, die Bedeutung der einzelnen Wörter. Stehen Rhythmus und Takt zunächst im Vordergrund, so erschließt das Kind später auch Lautstärke, Tempo, Dynamik und Klangfarbe und lernt sie zu unterscheiden.

Rhythmus bringt »Ordnung« in unser Leben, sei es über die Musik oder über den Tagesablauf. Es bringt das Zusammenhanglose in Zusammenhang und führt so zur Harmonie.

WAS ELTERN WISSEN WOLLEN

Viele Unsicherheiten führen dazu, dass Eltern immer wieder nach den gleichen Informationen fragen.

FRAGEN, DIE IMMER WIEDER GESTELLT WERDEN

In diesem Interview mit Bruno Walter werden all jene Fragen beantwortet, die in den Kursen für Babymassage immer wieder von den Eltern gestellt werden. Die darin enthaltenen Informationen bilden eine sichere Grundlage für die Praxis.

Was tun, wenn Babys sich nicht massieren lassen wollen?

»Zunächst muss man erst einmal herausfinden, wo das Problem liegen kann. Lässt sich das Baby vielleicht nicht gern berühren oder nicht gern ausziehen? Ist es vielleicht ungern nackt? Wenn es also zum Beispiel nicht nackt sein will, legen Sie am besten ein Tuch oder ein Hemdchen auf das Kind und fangen langsam darunter mit der Massage an, bis allmählich immer mehr Haut des Babys freiliegt.

Lässt sich das Baby ungern berühren, empfehle ich, mit der Massage an den Füßen zu beginnen und sich dann über die Beinchen des Babys langsam nach oben zu arbeiten. Das heißt zwar, dass die Reihenfolge der Massage anders ist, was in diesem Fall aber nichts ausmacht. Wenn sich dann die Massage eingespielt hat, gehen Sie zur normalen Reihenfolge über.

Grundsätzlich rate ich bei anfänglichen Problemen aber dringend dazu, mit der Massage weiterzumachen. Mit etwas Geduld und Diplomatie erreichen Sie so mit großer Wahrscheinlichkeit Ihr Ziel, sodass sich das Kind ruhig und freudig auf die Massage einlässt.«

Was soll man mit den Geschwistern machen, wenn das Baby massiert wird?

»Je nach Alter sollte man die Geschwister ruhig mit in die Massage einbeziehen und auch mal mithelfen lassen. Das sollte allerdings eine Ausnahmeregelung bleiben. Die Geschwister sollten höchstens ein- bis zweimal pro Woche mit dabei sein. Wenn jedoch Eifersucht oder Konkurrenz bei den Geschwistern im Spiel

ist, dann ist die Babymassage eine gute Möglichkeit, diese Problematik in den Griff zu bekommen. Generell sollte die Harmonische Babymassage aber immer nur zwischen Mutter, Vater und dem Kind allein stattfinden; dabei sollten also auch wirklich nur der Massierende und das Kind im Raum sein.«

Wie oft soll man die Kinder denn eigentlich massieren?

»Ich möchte auch hier keine starren Regeln aufstellen. Wenn eine Mutter berufstätig ist und viel Stress hat, sollte sie nur jeden zweiten oder dritten Tag massieren, damit die Massage nicht auch noch zum Musstermin wird.
Generell rate ich aber den Müttern und Vätern, jeden Tag etwa um die gleiche Zeit und immer am selben Platz zu massieren, damit sich das Baby an den Rhythmus gewöhnt.«

Muss ich gleich von Anfang an den gesamten Massagekurs durchziehen?

»Das wäre einer der größten Fehler und würde das Kind am Anfang auch überfordern! Machen Sie sich allmählich mit den Grundregeln der Harmonischen Babymassage vertraut, bauen Sie Ihre Kenntnisse und das Gefühl dafür langsam auf und nehmen

Sie mit der Zeit immer mehr Griffe dazu. Ein Babymasseur mit Blick in ein aufgeschlagenes Kursbuch ist mit Sicherheit nicht richtig bei der Sache und auch kein guter Masseur.«

Ab welchem Alter darf man Babys denn massieren?

»Ein paar Tage nach der Geburt kann man rein theoretisch schon vorsichtig anfangen. Meine persönliche Meinung ist aber, dass die Mutter mit ihrem Säugling eine gewisse Übereinstimmung im Rhythmus gefunden haben sollte, der die Einplanung der Massage zulässt, was in der Regel etwa zwei bis drei Wochen nach der Geburt der Fall ist.«

Bis zu welchem Alter kann man das Baby massieren?

»Wahrscheinlich läuft Ihnen Ihr Kind bei der Massage irgendwann davon und dann hat sie sich ganz automatisch erst einmal erledigt. Aus Erfahrung kann ich aber sagen, dass viele Kinder, gerade im Kindergartenalter, urplötzlich wieder mit dem Wunsch einer Massage auf den Vater oder die Mutter zukommen.«

Darf man auch auf dem Wickeltisch massieren?

»Diese Frage beantworte ich immer wieder mit einem eindeutigen Nein, weil dann die Massage nichts mehr mit meiner

Auffassung der Harmonischen Babymassage zu tun hat. Der Wickeltisch stellt einfach schon einen deutlichen Abstand zwischen dem Massierenden und dem Kind her. Die ›Harmonische Babymassage‹ beruht auf einem Miteinander, das Sie nur erreichen, wenn das Baby dabei auf Ihren Beinen liegt. Größere Kinder können in Ausnahmefällen auch zwischen die Beine gelegt werden. Eine Massage auf dem Wickeltisch verkommt allzu leicht zur bloßen Technik!«

Überall hört und sieht man etwas über Babymassage – ist sie nicht vielleicht nur ein Modetrend?

»Immer wenn ungewohnte, neue Dinge in unserer Kultur thematisch und praktisch Fuß fassen, besteht natürlich die Möglichkeit, dass sie in Mode kommen oder im Trend sind. Auffallend ist aber, dass sich in den letzten Jahren immer mehr Fachleute mit der Babymassage beschäftigt und ihren Wert und tieferen Sinn entdeckt haben. Selbst in einigen Kliniken wird Babymassage schon als fester Bestandteil des Tagesprogramms angewendet. Ich selbst nehme an, dass sie in ein paar Jahren ganz selbstverständlich ein fester Bestandteil auch in unserem Kulturkreis sein wird.«

Ist das tägliche Einölen während der Massage nicht zu viel?

»Immer wieder stellen Mütter in meinen Kursen diese Frage, weil sie Angst haben, dass die Haut des Kindes durch das ständige Einölen übersättigt wird und ihre natürliche Fähigkeit zur Rückfettung verliert. Aus meiner eigenen und auch der Erfahrung vieler Hebammen ist das eine völlig unbegründete Angst, weil in diesem Alter die Haut nach Nahrung verlangt und die Öle positiv wirken. Das Gegenteil ist der Fall. Die Haut verbessert sich.«

Ist die Massage nach einem Bad nicht wirksamer?

»Ich weiß, dass ein Bad oft im Zusammenhang mit Massage propagiert wird. Ich trenne das bei der Harmonischen Babymassage aber konsequent. Wenigstens ein paar Stunden sollten zwischen der Babymassage und einem Bad liegen. Dafür gibt es zwei Gründe: Sowohl ein Bad als auch eine Massage sind für das

Kind sehr anstrengend und es kann schnell überfordert werden. Bei der Harmonischen Babymassage entwickelt sich eine ganz spezielle, energetische, durchblutungsfördernde Stimulation, die durch ein Bad wieder aufgehoben würde, weil beim Bad die Blutzirkulation und die Energie von den inneren Organen in äußere Hautschichten verlagert wird.«

Kann man auch Frühgeborene massieren?

»Inzwischen gibt es klinische Untersuchungsergebnisse, dass Frühchen gerade durch Babymassage viele physische und psychische Defizite leichter ausgleichen können. Selbstverständlich ist: Je kleiner und unreifer Frühgeborene sind, umso zarter muss die Massage sein und umso sanfter muss der Einstieg erarbeitet werden.«

Darf man auch kranke Kinder massieren?

»Wenn Kinder akute Krankheiten haben, wie Grippe, Fieber, Entzündungen oder Kinderkrankheiten in der akuten Phase, gilt hier ein absolutes Nein. In der Genesungsphase allerdings ist die Harmonische Babymassage von großem Vorteil. Krankheiten und Störungen, die angeboren oder chronisch sind, können durch Massage oft – im wahrsten Sinne des Wortes – in den Griff

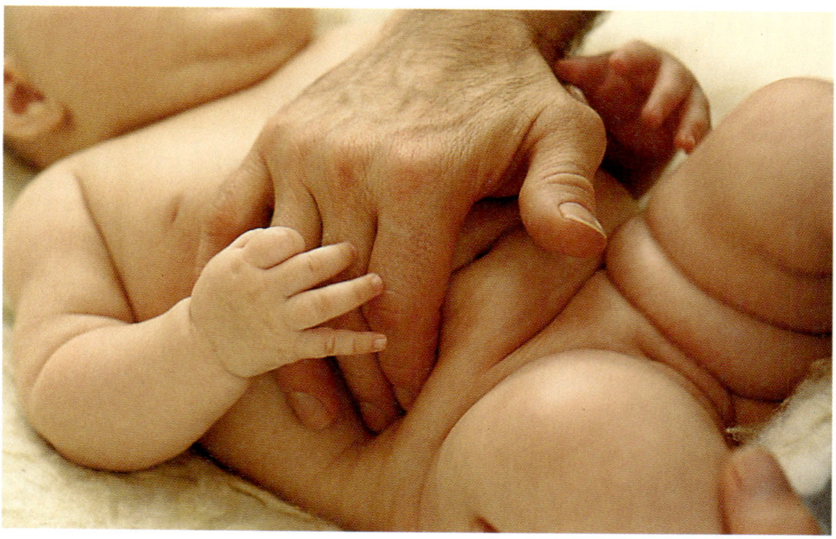

bekommen werden. Gerade für mongoloide Kinder oder Kinder mit Haltungsschäden, Allergien, Asthma oder Ähnlichem ist die Massage eine wunderbare Möglichkeit, mit der eigenen Problematik besser zurechtzukommen. Das gilt natürlich in hohem Maße auch für die Eltern solcher Kinder.«

MEINUNGEN VON MÜTTERN UND VÄTERN

»Mein Mann reagierte erst einmal mit Unverständnis und schmunzelte eher, als ich ihm erzählte, dass ich mit unserer Kleinen einen Babymassagekurs absolvieren wollte. Ich ließ mich aber in meiner Absicht nicht beirren, absolvierte den Kurs und konnte ihn in einer brenzligen Situation überzeugen: Wir kamen mit Sophia, damals sieben Monate alt, im Hochsommer in einen kilometerlangen Autostau aus dem es kein Entrinnen gab. Das Kind schwitzte, schrie wie am Spieß und ließ sich nicht mehr beruhigen. Schließlich erinnerte ich mich an die altbekannte Musikkasette aus dem Massagekurs. Ich ließ sie abspielen und begann, zunächst ganz vorsichtig, ihre Füßchen zu massieren. Es dauerte gar nicht lange, da reagierte Sophia auf die Musik und auf die Massage und ein paar Minuten später hatte sie sich beruhigt und war eingeschlafen. Seitdem hat auch mein Mann die Musik vom Babymassagekurs im Handgepäck und ist zum überzeugten Vertreter der Harmonischen Babymassage geworden.«

»Ich habe festgestellt, dass die Babymassage gut für mein Kind und auch für mich ist! Die Harmonische Babymassage ist ja mehr als nur massieren und sich wohl fühlen. Es entsteht ein ganz anderer Bezug zu dem Kind; allmählich verstand ich es dann immer besser, die körpersprachlichen Äußerungen meines Kindes besser wahrzunehmen. Über die körperliche Verständigung bei der Babymassage konnte ich bald viel besser mit meinem kleinen Sohn ›sprechen‹!«

»Mir ist aufgefallen, wie stark sich mein Baby durch die Babymassage verändert hat. Das Kind war unruhig und man konnte das auch richtig sehen: es war ständig irgendwie am kränkeln,

hatte Probleme mit dem Schlafrhythmus und quälte sich mit Blähungen. Im Laufe der Harmonischen Babymassage verschwanden diese Beschwerden deutlich. Maria schlief fester und ruhiger und die Schlafzeiten pendelten sich ein und wurden ausgedehnter. Seitdem ich unsere Kleine regelmäßig massiere, habe ich einen noch innigeren Kontakt zu ihr und fühle mich insgesamt sicherer im Umgang mit dem Kind.«

Ein kleiner Tipp zum Schluss

Nicht zu schnell aufgeben. Auch wenn Ihr Kind die Massage zu Beginn immer wieder ablehnt, sollten Sie nicht ganz kapitulieren. Legen Sie mal einen Tag ohne Massage ein, und versuchen Sie es immer wieder.

In den meisten Fällen lassen sich auch die Babys, die sich anfangs mit der Massage schwer getan haben, nach einer gewissen Zeit ausgesprochen gern massieren.

LITERATUR, MUSIK UND ÖLE

Bücher

- F. Vester, **Denken, Lernen, Vergessen,** dtv
- P. Dennison, **Edukinestetik für Kinder,** Verlag für angewandte Kinesiologie
- H. Schiegl, **Color Therapie,** Bauer
- C. Muths, **Farbtherapie,** Heyne
- J. E. Berendt, **Die Welt ist Klang,** rororo
- H. Cousto, **Die Kosmische Oktave,** Synthesis
- Dr. A. Tomatis, **Der Klang des Lebens,** rororo
- I. Steinbach, **Klangtherapie,** Verlag Martin
- H. Grill, **Die Seelenseite des Lehrens und Erziehens,** Hugendubel
- M. Montessori, **Kinder sind anders,** Klett-Cotta
- J. Liedloff, **Auf der Suche nach dem verlorenen Glück,** Beck'sche Reihe, München 1980
- Angelika Orthaus, **Fingerspiele,** Ravensburger
- M. Arndt, W. Singer, **Das ist der Daumen Knudeldick ...,** Ravensburger
- A. Montagu, **Körperkontakt – Die Bedeutung der Haut für die Entwicklung des Menschen,** Klett-Cotta
- J. Andres, **Die ganzheitliche Duftberatung,** Falken
- S. Fischer-Rizzi, **Himmlische Düfte,** Hugendubel
- J. Stadelmann, **Die Hebammen-Sprechstunde,** Stadelmann Eigenverlag, Ermengerst

Musik

- **»Kinderträumerland«**
  Menschenkinder Verlag
  An der Kleimannbrücke 97
  48157 Münster
  Tel.: 02 51/93 25 2-30
- **Klangtherapie**
  Klangstudio LAMBDOMA
  Ingo Steinbach
  Fax: 0 23 81/88 07 66
- **Sandara-Musik (Planetentöne)**
  Gesundheitshütten Versand
  Eva Haneberg
  Fuchsbühlstraße
  87439 Kempten
  Tel.: 08 31/10 51 4

Ätherische Öle

- **La Balance**
  Am Wolfgangsberg 5/1
  88299 Leutkirch
  Tel.: 0 75 61/23 52
- **PRIMAVERA Life**
  Am Fichtenholz 5
  87477 Sulzberg

ÜBER DIE AUTOREN

Heidi Velten arbeitete viele Jahre als Journalistin für Zeitungen und Fernsehen. Durch ihr Studium der Publizistik und speziell der Pädagogik und Psychologie entwickelte sie immer mehr Interesse an Familienthemen. Sie arbeitet heute als freie Journalistin und Autorin.

Bruno Walter ist als Masseur, Yogalehrer und Gesundheitsberater tätig. Er ist der Leiter und Koordinator der Lehrstätte »Gesundheitshütte«. Durch Fortbildungskurse, Studium und Aufenthalt in Indien entwickelte er die traditionelle Form der Babymassage weiter und fand so einen neuen, eigenen Weg.

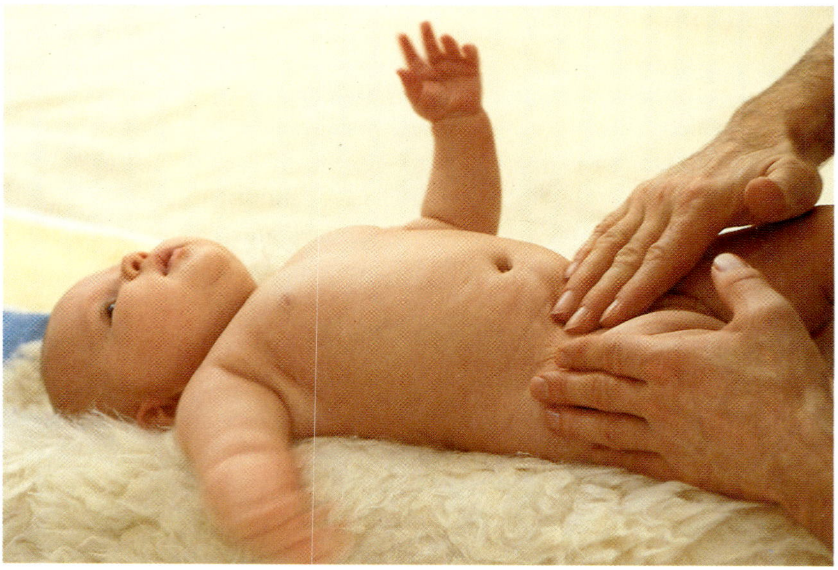

Haben Sie Interesse an Kursen zur Harmonischen Babymassage oder möchten Sie weitere Informationen darüber, dann können Sie sich wenden an:

Gesundheitshütte Kempten
Herrn Bruno Walter
Bäckerstraße 11
87435 Kempten
Tel. 0831/67206